谨以此书献给
中国关心下一代工作委员会
成立三十五周年

理论与实践

中国关心下一代工作委员会 主编

关心下一代工作
理论文集

THEORY
AND PRACTICE

ANTHOLOGY OF THEORIES
ON THE WELLBEING OF THE NEXT GENERATION

社会科学文献出版社
SOCIAL SCIENCES ACADEMIC PRESS (CHINA)

编　委　会

代　序

强化党的创新理论武装
在全面深化改革中大力推动关工委工作高质量发展

——在全国关心下一代工作理论研讨会上的讲话
（2024 年 10 月 24 日）
顾秀莲

同志们：

　　这次全国关心下一代工作理论研讨会的主要任务是：坚持以习近平新时代中国特色社会主义思想为指导，全面贯彻落实党的二十大和二十届二中、三中全会精神，深入学习贯彻习近平总书记关于关心下一代工作的重要指示批示精神，贯彻落实中办、国办《关于加强新时代关心下一代工作委员会工作的意见》，认真总结梳理关心下一代工作的理论和实践经验，探索关心下一代工作规律，以理论创新推动关工委工作创新，努力开创新时代关心下一代工作新局面。

　　2009 年，中国关工委召开了第一次全国关心下一代工作理论研讨会。十五年来，各地关工委紧跟时代步伐，注重问题导向，深入开展调查研究，关心下一代工作理论研究取得了丰硕成果，呈现出研究深度广度不断拓展、研究成果支撑引领实践作用不断增强、研究队伍不断壮大的良好势头。一是围绕起草加强新时代关心下一代工作委员会工作意见文件，开展相关重大课题研究，系统梳理我们党关于关心下一代和关工委工作的理论思想和政策举措，认真总结党和国家在促进青少年成长成才及推进关工委工作方面的重要成就和基本原则，深入研究关工委主要任务、职能作用等重大问题。2021 年 12 月，经党中央、国务院同意，中办、国办印发《关于加强新时代关心下一代工作委员会工作的意见》（以下简称《意见》）。二是制定并组织实施《中国关工委"十四五"发展规划和二〇三五年远景目标》，特别是对理论研究工作作出部署提出要求，不断深化对关心下一代工作的规律性认识，有效提高了理论研究的科学性、计划性。三是广泛组织力量围绕重点课题开展研究，加强关心下一代工作理论研究，有的省区市联合高校成立关心下一代研究中心，形成了一大批有深度、有影响的理论成果，许多咨询建议被党委、政府采用。中国关工委与社科院联合推出了"中国关心下一代蓝皮书"。十五年来，以地市级以上党委、政府名义，党委、政府办公厅名义，地市级以上关工委或联合有关部门印发文件 550 件，246 篇质量较高的理论文章分别汇编在《全国关心下一代工作制度汇编》《全国关心下一代工作理论文集》中。四是把握青少年思想特点和成长成才的规律，推出 400 个工作品牌，用典型和品牌推动关心下一代工作向深度和广度发展，关工委阵地建设、品牌建设、理论建设更加深入，较好地展示了我们取得的理论成果、实践成果和制度成果。

总的来看，全国关心下一代工作理论研究扎实推进、深化拓展、富有成效，为关心下一代事业创新发展提供有力理论支撑。回顾这几年的工作，我们深深感到，理论研究工作之所以能实现新的发展，最根本的在于以习近平同志为核心的党中央的坚强领导，是各级党委、政府高度重视，各级关工委和广大关心下一代理论工作者共同努力的结果。在此，我代表中国关工委向大家表示崇高的敬意和衷心的感谢！

同志们，习近平总书记强调，理论强，才能方向明、人心齐、底气足。[①]理论强是凝聚共识、团结人心的重要保障，人心齐是党和国家事业不断向前

———
① 习近平：《在二十届中央政治局第四次集体学习时的讲话》，《求是》2023 年第 10 期。

发展的重要基础。我们要深刻把握理论强才能人心齐的道理所在，在新征程上坚持不懈强化党的创新理论武装，加强理论学习和理论研究，在学习研究中持续深化对习近平新时代中国特色社会主义思想的理解领悟，不断深化对关心下一代工作的规律性认识，为推动关心下一代工作理论创新、实践创新、制度创新贡献智慧和力量。下面，我着重就加强关心下一代工作理论研究讲两点意见，与同志们探讨。

充分认识新时代加强关心下一代工作理论研究的重要性

党的二十届三中全会审议通过的《中共中央关于进一步全面深化改革　推进中国式现代化的决定》，描绘了中国式现代化全面深化改革的宏伟蓝图。中办、国办《意见》对加强关心下一代工作理论研究提出明确要求。关工委工作要紧紧围绕党的中心任务，更好地服从服务于党和国家工作大局，在进一步全面深化改革中解决好关心下一代工作面临的新情况新问题，推动关心下一代事业高质量发展，就必须加强关心下一代工作理论研究。

这是学习贯彻落实党的创新理论的迫切需要。我们党历来高度重视思想建党、理论强党。关心下一代工作理论是党的理论的重要组成部分。以习近平同志为核心的党中央高度重视关心下一代工作。习近平总书记多次就新时代做好关心下一代工作作出重要指示批示，为新时代关心下一代事业指明了前进方向、提供了根本遵循。要深刻领悟"两个确立"的决定性意义，增强"四个意识"、坚定"四个自信"、做到"两个维护"，就要将深入学习贯彻习近平新时代中国特色社会主义思想、学习贯彻习近平总书记关于关心下一代工作的重要指示批示作为重要政治任务，深刻理解习近平总书记对关心下一代工作进行的新诠释、对关工委工作任务赋予的新内涵，切实以党的创新理论武装头脑、指导实践、推动工作。

这是促进青少年健康成长全面发展的迫切需要。习近平总书记强调，培养什么人、怎样培养人、为谁培养人是教育的根本问题，也是关心下一代工作的根本任务和永恒主题。我们始终把立德树人作为根本任务，以培育和践行社会主义核心价值观为主线，以传承红色基因，培育时代新人、助力乡村振兴、关爱留守困境儿童和加强法治教育为重点，努力做好青少年的教育引导和关爱保护，全面促进青少年成长成才。当前，世界百年未有之大变局加速演进，广大青少年成长的外部环境发生了重大变化。针对新形势新要求，要自觉以改革创新为动力，不断完善促进青少年全面发展的体制机制，不断深化对青少年成长成才发展规律的认识，努力培养更多让党放心、爱国奉献、担当民族复兴重任的时代新人。

这是开创关工委工作新局面的迫切需要。关工委组织是具有中国特色的一项制度性安排，是我们党发挥"五老"优势作用、加强青少年思想政治工作的一个创举。党的十八大以来，习近平总书记多次就新时代做好关心下一代工作作出重要指示批示，深刻阐释了关工委工作"做什么、怎样做、谁来做"和"'五老'发挥什么作用、怎样发挥作用"等重大理论和实践问题，为做好新时代关心下一代工作提供了行动指南。在推进中国式现代化新征程中，关工委工作处于新的社会环境，面临新的实践条件，必须加大调查研究的力度，不断用关工委工作的成功实践和理论创新成果来丰富、完善各方面的体制机制，不断把关工委的工作提高到新的水平。

着力研究当前和今后一个时期关心下一代工作中的
几个重大理论和现实问题

关工委工作的重大发展和突破、新局面的形成和拓展，都是以理论创新为先导的，都是以理论创新推进工作创新的。我们必须立足当前、着眼长远、突出重点，着力在以下几个重大问题研究上狠下功夫、多出成果。

第一，要准确把握关工委所处的历史方位，深入研究新时代关心下一代工作的特点和规律。要做好新时代关心下一代工作，必须对关工委所处的历史方位、关心下一代事业发展的特点和规律有一个科学的判断和准确的把握。党中央和习近平总书记的嘱托，青少年的期待，关工委工作的发展现状，决定了新时代关工委的全局方位、使命方位和阶段方位。我们要结合党的历史方位和历史任务的变化，结合中国特色社会主义进入新时代的新实践，立足关工委历史方位的变化，深入探索和研究新的历史条件下关心下一代工作的特点和规律。纷繁复杂的国际国内形势，新一轮科技革命和产业变革，青少年新期待，给关心下一代工作带来许多前所未有的新情况新问题。以短视频、抖音为代表的新媒体传播渠道的迅速发展，在有力促进社会发展进步的同时，也给社会思想文化领域带来复杂影响。随着社会压力的增大和生活节奏的加快，青少年心理健康问题日益凸显。如何建立有效的心理干预机制，帮助青少年应对焦虑、抑郁等心理困扰，以及如何提供情感支持，增强他们的心理韧性和抗压能力，迫切需要我们认真研究。农村留守儿童、流动儿童、事实无人抚养儿童和"五失"等青少年群体的关爱服务，迫切需要我们从助力完善制度上下功夫。我们必须立足现阶段关工委工作的特点和发展变化，从理论和实践两个方面，系统回答和解决好这些重大课题，使我们的工作始终与时代同步、与青少年同心、与改革开放同进。

第二，要准确把握青少年成长成才的规律，加大运用品牌活动推动工作的力度。认识规律、把握规律，在感性认识的基础上进行理性概括，在实践的基础上进行理论创新，是我们的成功经验和基本工作方法。近年来，各级关工委和广大"五老"深入调查研究，了解青少年成长成才中出现的新情况新问题，总结推广行之有效、具有规律性的经验做法，不断完善具有普遍意义的典型和品牌，指导和带动整体工作。2016年，中国关工委推出10个全国关心下一代"十佳工作品牌"；2019年，推出46个全国关心下一代先进县关工委、10个全国关心下一代帮扶工作品牌、100个全国优秀儿童之家。这些品牌涉及关工委建设的方方面面、工作的各个领域，以及不同的地域、层次和类别，特色鲜明。这些品牌都是典型经验凝聚升华的结果，展现了各地工作亮点，是理论和实践创新的成果。品牌将随着时代的发展而发展，随着关心下一代事业的发展而发展。我们要巩固提升多年来开展关心下一代工作形成的品牌，不断赋予品牌新内容，服务青少年成长成才。要坚持"一把钥匙开一把锁"，针对青少年成长成才的规律分类开展教育实践引导，培育和形成一批青少年喜闻乐见、符合时代特征、具有时代气息的青少年思想道德建设、预防未成年人犯罪、加强民族团结、助力乡村振兴等方面的关爱教育工作品牌，使青少年在参与各项主题活动中，增强爱党爱国爱社会主义意识，树立起为实现中华民族伟大复兴而勤奋学习、艰苦奋斗的远大志向，立志听党话、跟党走。

第三，要准确把握"五老"队伍的构成变化，深化对"五老"队伍建设发展规律的认识。广大"五老"是中国革命、建设和改革的亲历者，党的发展历程的见证者，是加强青少年思想政治工作的重要力量。多年来，各级党委、政府和各级关工委广泛动员政治素质高、热心公益事业、具有奉献精神的"五老"参加关心下一代工作，"五老"队伍进一步壮大、能力素质进一步提高。同时也要看到，随着经济社会快速发展和我国人口老龄化程度日益加深，"五老"队伍在思想观念、活动方式、服务管理等方面出现了很多新情况新问题。"五老"退休后生活方式选择多元，建设一支素质优良、人数众多、覆盖面广、结构合理、扎根基层、富有活力的"五老"队伍任务更加迫切。准确把握"五老"队伍的发展变化，充分挖掘广大老同志的力量和智慧宝库，不断释放老同志"红利"，积极投身于关心下一代事业，需要我们从理论上进行深入分析、认识和阐述。关工委要积极适应"五老"队伍出现的新特点新变化，不断深化对"五老"队伍建设发展规律的认识，为广大"五老"更好地发挥作用搭建平台。"五老"队伍可向退休或退二线的机关干部、企事业单位干部、职工、社区和村组干部及网格长、老党员、老长辈、老积极分子拓展，研究制定切实可行的办法，最大限度地把他们组织到关心下一代工作中来。

第四，要准确把握关工委组织的优势，深入研究加强基层关工委建设问题。中办、国办《意见》要求加强关工委基层组织建设，支持学校、机关、社区、行政村、企事业单位、干休所等组建关工委组织，实现活动联办、资源联用、协调发展。截至 2022 年底，全国有 4.9 万个乡镇（街道）关工委组织，50 万个行政村（社区）关工委组织。6.3 万个省市县直单位，24.6 万所中小学校、高等院校和职业院校，1300 所老年大学，2.4 万家国有企业，8.2 万家民营企业成立了关工委。这些组织的建立，推动了基层关工委建设进入新的阶段。随着全面改革的深化，对基层关心下一代工作提出了新的更高要求。与之相比，有的地方发展还不平衡，基层关工委和"五老"服务青少年的能力有待提高。这就需要我们加大研究的力度，从组织体制和运行机制等方面为加强基层关工委组织建设和发挥基层关工委作用，提出具有针对性、指导性、可操作性的措施。"五老"的政治优势、经验优势、威望优势是关工委组织的最大优势，也是关工委组织的最大特点。各级关工委要把以党的建设带动关工委建设确立为新时代关工委组织建设中必须遵循的重要原则，发挥关工委组织的优势，按照"领导班子建设好、'五老'作用发挥好、制度健全执行好、积极探索创新好、活动经常效果好"的标准，因地制宜、分类指导、典型引路、稳步推进关工委组织建设，不断提高关工委组织的吸引力、凝聚力、战斗力，努力将关工委建设成老有所为的重要舞台、老有所学的重要课堂、老同志服务党和国家事业发展的重要阵地。

需要特别强调的是，加强关心下一代工作理论研究要把握好四个方面的关系：一要把握好加强理论研究与服务实践的关系。关心下一代工作理论研究首先要服务关工委工作实践，却又不只是单向的服务，也要从关工委实践中吸取营养、拓展研究深度，深化规律性认识，努力结出理论研究的"好果子"，推动关心下一代工作理论在实践中不断丰富。二要把握好立足当下与放眼长远的关系。着眼于关工委当前的工作，不断加强应用型、实践型理论研究，也需要在基础研究和重大课题研究上久久为功、持续发力，丰富发展关心下一代工作理论。三要把握好个人主观能动性与运用集体智慧的关系。既要发挥个人所长，产出有关工委特色的理论成果，也要充分用好集体智慧，群策群力，对重大理论问题共同讨论、深化研究，在集体的沃土中生长出更丰硕的研究果实。四要把握好继承和创新的关系。坚持在继承中发展、在实践中完善、在创新中提高，牢牢把握服务青少年的正确方向，对标党中央的新部署和对关心下一代工作的新要求，在改革创新求变中破除思维定式、研究惯性、路径依赖，使理论研究工作更好地体现时代性，把握规律性，富于创造性。

县级以上关工委要把理论研究摆在重要位置，加强领导、统筹安排，制定规划、完善机制，特别是关工委领导班子要带头研究问题、研究理论。要重视培养学习型、研究型、思考型关心下一代工作研究人才，努力造就一支具有坚定政治立场、扎实理论素养、丰富业务知识、综合研究能力的关心下一代工作理论研究队伍。要主动加强与党政有关部门研究机构的合作，积极组织有关高校、科研院所的专家学者研究关心下一代工作理论，善于吸收有关科研领域的最新研究成果，努力推动理论研究工作不断深入发展。

同志们，开创关心下一代工作的新局面，必须开创关心下一代工作理论研究的新局面。让我们更加紧密地团结在以习近平同志为核心的党中央周围，凝心聚力、奋发进取，扎实工作、积极探索，把关心下一代工作理论研究不断引向深入，为培养德智体美劳全面发展的社会主义建设者和接班人，为强国建设、民族复兴作出新的更大贡献！

目　录

青少年思想道德建设篇

发挥"五老"独特育人优势
助力大中小学思政课一体化建设

北京市关心下一代工作委员会

北京教育系统关心下一代工作委员会

思政课是落实立德树人根本任务的关键课程。党的二十届三中全会《中共中央关于进一步全面深化改革 推进中国式现代化的决定》强调，完善立德树人机制，推进大中小学思政课一体化改革创新，健全德智体美劳全面培养体系。《教育强国建设规划纲要（2024—2035年）》明确提出，实施新时代立德树人工程，坚持思政课建设与党的创新理论武装同步推进，加快构建以习近平新时代中国特色社会主义思想为核心内容的课程教材体系，推进大中小学思政课一体化改革创新，打造一批"大思政课"品牌。教育系统"五老"在教育引导和关爱保护青少年方面具有独特优势和作用，新时代关工委要找准"五老"助力习近平新时代中国特色社会主义思想"进教材、进课堂、进头脑"与大中小学思政课一体化建设的结合点和着力点，配合教育部门和各级各类学校，深度融入推进大中小学思政课一体化建设，助力塑造立德树人新格局、培养担当民族复兴大任的时代新人。

近年来，北京教育系统关工委聚焦大中小学思政课一体化建设，发挥教育系统关工委涵盖大中小学的组织优势，2021年牵头组织40余名"五老"

思政课教学督导员、大中小学思政课教师深入大中小学思政课堂跨学段交叉听课 1660 余节；2023 年牵头组织清华大学、中国人民大学、北京师范大学等 14 所高校、49 所中小学参与"五老"助力大中小学思政课一体化建设试点工作；2024 年主持承担并完成教育部关工委重点研究课题，在上海、河北、福建、广东、四川、陕西、贵州和新疆 8 省市及京内 40 余所高校、16 区的中小学校开展问卷调查 12 万余份，先后到上海、广东、陕西、四川以及京内的 4 所高校（清华大学、中国人民大学、北京航空航天大学、北京林业大学）进行调研。相关调研报告获得中央领导批示，中国关工委主任顾秀莲、教育部部长怀进鹏、教育部关工委主任李卫红等予以充分肯定，形成的对策建议体现在教育部出台的《关于进一步加强新时代中小学思政课建设的意见》中。

通过前期的调查研究和试点探索，我们看到，思政课发展环境和整体生态发生全局性、根本性变化，大中小学思政课一体化建设的"大思政课"工作格局逐步形成，特别是"五老"助力思政课程主渠道主阵地的作用不断彰显、助力学生思想政治教育的作用更加突出、助力青年教师成长发展的作用充分发挥、助力社会实践大课堂协同育人的作用有力凸显，取得了良好育人成效。同时还存在一些亟待解决的难点堵点问题，比如，推进大中小学思政课一体化建设的体制机制不够完善、发展合力有待增强；思政课教师队伍建设仍然存在短板；大中小学思政课衔接还不顺畅、针对性和吸引力有待进一步提升；"五老"助力"三进"工作的顶层设计和系统谋划尚需加强、体制机制有待完善、队伍建设有待加强、工作水平有待提升等。

大中小学思政课一体化建设是一项战略工程、系统工程，必须坚持问题导向、目标导向、效果导向，用发展的眼光看待发展中的问题，用改革的方法解决前进中的困难，统筹推进大中小学思政课一体化建设，理直气壮地办好思政课，确保党和国家事业后继有人。关工委要紧紧围绕立德树人的根本任务，充分发挥"五老"的政治优势、经验优势、威望优势，通过建机制、强队伍、搭平台等，积极构建"五老"助力大中小学思政课一体化建设的长效机制，把"五老"育人优势转化为思政课建设的宝贵资源，助力推动思政课建设内涵式发展。

一

构建"五老"助力大中小学思政课建设的支持保障机制

关工委要积极配合主渠道主动作为、精准发力，在健全体制机制上下功夫、求实效。推动构建和完善党委统一领导、党政齐抓共管，马克思主义学院、宣传部门、学工部门、教务部门、关工委以及中小学校各负其责的大中小学思政课一体化工作格局。发挥教育系统关工委育人优势，根据学校思政课建设实际和需要，积极创造条件，组织"五老"队伍，有针对性地交任务、提要求、压担子，同时也要加强关心关爱，帮助他们解决工作中遇到的实际困难和问题，为"五老"助力大中小学思政课一体化建设搭建工作平台、提供支撑保障。

二

构建"五老"参与跨学段听课和集体备课机制

办好思政课关键在教师，推进大中小学思政课一体化建设，难点在打破教师队伍学段壁垒。要致力搭建大中小学教师的合作平台，构建纵向跨学段、横向跨学科的教研共同体，努力破解实践中"各管一段"的育人"孤岛"效应。关工委要主动协同高校马克思主义学院和中小学，定期组织大中小学不同学段思政课教师进行跨学段、全覆盖听课。特别是要围绕习近平新时代中国特色社会主义思想不同专题，建立完善每年至少组织一次不同学段思政课教师集体备课机制。重点围绕如何把教材体系转化为教学体系、把知识体系转化为价值观体系，加强学段间的衔接，有针对性组织"五老"参与本学段思政课教师的教研活动和集体备课，提高思政课的针对性和吸引力。

三

构建"五老"服务青年思政课教师"传帮带"成长机制

近年来，北京教育系统关工委注重发挥"五老"在思政课程和课程思政方面的丰富实践经验和优势，配备充实了390余名老同志思政课教学督导员，在听课评课、课程建设、教学考评等方面发挥了重要作用，受到了普遍欢迎。要进一步组织高校具有思政课及相关课程教学经验的"五老"以及中小学的老书记、老校长、老教师等加入思政课督导员队伍，通过"传帮带"等形式加强青年教师的思想引导、教学指导，依托"五老"教学工作室、学科工作室、名师工作坊等平台，积极参与思政课教辅编写、教学案例设计、教学资源建设等教育教学环节，着力提高青年思政课教师把握教材、实施教学改革的能力。

四

构建"五老"与青少年学生"结对子"帮扶机制

新时代青少年视野开阔、思维活跃，易于接受新鲜外来的事物和观点，思想和行为具有多层次性、开放性和个性化的特征，如何有效助力提高青少年思想教育的针对性、实效性和亲和力、感染力是摆在我们面前的一个重要课题。要建立健全"五老"与青年学生的交流互动机制，不定期组织"五老"深入学校教育教学一线，与不同学段班级、学生"结对子"。通过贴近学生思想、学习和生活实际的讲座报告、交心谈心、答疑解惑等方式，及时掌握和了解学生的思想动态、心理困惑以及对思政课教学成效的实际评价等，有的放矢地做好学生思想引导工作，不断提升育人实效。

五

构建"五老"助力信息技术赋能思政课建设机制

这一代青少年被称为"网络原住民"，几乎无人不网、无日不网、无处不网，给我们做好育人工作带来了新挑战。关工委要重视加强网络新媒体环境下的关心下一代工作，教育引导广大"五老"跨越数字鸿沟、融入数字时代，主动学习和运用信息技术手段，采取贴近"网生一代"学生话语体系的传播方式,既要"面对面",又会"键对键",与年轻一代互动交流,指导学生成长。积极协助和指导青年教师建设教学网络案例库,制作精品课件、素材库,助力打造有创意、有思想的网络思政"金课"。近年来,北京教育系统关工委组织高校"五老"带领学生团队创作了"党史中的教育'大先生'""无名的丰碑"系列微视频,作为党史学习教育和爱国主义教育的新媒体素材,30余万师生观看学习并反馈心得体会超百万字,育人成效显著。

六

构建"五老"助力社会实践大课堂协同育人机制

组织动员"五老"积极参与协同校外社会"大课堂"和校内"小课堂"育人环节,不断拓展实践育人的空间和阵地。充分利用好全国关工委党史国史教育基地、青少年教育基地、红色教育基地、科普教育基地以及区域内思想教育特色资源等,积极组织大中小学学生到基地参观、学习、体验,更好发挥各类教育基地的育人功能,引导学生深刻感悟习近平新时代中国特色社会主义思想的实践伟力。下大力气培育建设好关爱教育工作品牌,持续开展好"中华魂""青少年党史学习月""新时代好少年主题读书""读懂中国""院士、杰出校友回母校""大国工匠进校园"等活动。动员广大"五老"积极参与家校社协同育人工作,助力构建家校社协同育人机制,使青少年学生便于加入、喜欢参与,助力形成服务青少年成长成才的强大育人合力。

新时代新征程,关工委要深入学习贯彻习近平总书记关于教育的重要论述和对关心下一代工作的重要指示批示,牢牢把握立德树人、培根铸魂这一根本出发点,积极配合主渠道主动作为,助力推进习近平新时代中国特色社会主义思想进教材、进课堂、进头脑和大中小学思政课一体化建设,在加快建设教育强国的时代背景下推动关心下一代工作高质量发展,为培养更多让党放心、爱国奉献、担当民族复兴重任的时代新人贡献关工力量。

传承红色基因　引领深化青少年爱国主义教育

山西省关心下一代工作委员会 ——————

青少年是祖国的未来和民族的希望。开展青少年爱国主义教育，关系中华民族伟大复兴和红色江山永不变色。如何培养和增进青少年对中华民族和伟大祖国的情感，传承民族精神，增进国家观念，使爱国主义成为青少年的坚定信念、精神力量和自觉行动，秘诀就在于传承红色基因。红色文化蕴含着指引我们党和人民增强信仰、信念、信心，战胜一切强敌、克服一切困难、夺取一切胜利的强大精神力量。聚焦传承红色基因就牵住了对青少年进行爱国主义教育的牛鼻子、抓住了深化推进青少年爱国主义教育的引擎和根本。

一

以传承红色基因打牢青少年爱国底色烙印

习近平总书记在中共中央政治局第三十一次集体学习时强调，红色是中国共产党、中华人民共和国最鲜亮的底色。在青少年心里打下红色烙印，底色只有也只能是红色基因。红色基因寓意一代一代人民英雄、爱国人士用鲜血和生命铺就的通往实现中国梦的道路，特指中国共产党人探索走出中国特色社会主义道路的光荣革命传统、伟大革命精神。红色基因既同源远流长、博大精深的中华优秀文化和作为五千多年智慧结晶的中华文明紧密关联，又同社会主义核心价值观高度契合，深深融入了中华民族的血脉和灵魂。

红色基因伴随着马克思主义在中国的传播且运用于中国共产党指导中国革命、建设、发展而形成，具有中国共产党的特质、深厚的历史底蕴和丰富的精神内涵，承载着党的初心使命与广大人民的根本利益。红色基因的灵魂是对马克思主义、中国化时代化马克思主义的信仰，指引着我们党领导人民从站起来到富起来、强起来，向着实现中华民族伟大复兴、向着共产主义前进。红色基因的内核是以伟大建党精神为源头，用鲜血和生命构筑的中国共产党人精神谱系，在我国革命建设和改革开放各个时期艰苦卓绝的伟大斗争中形成的坚定信仰、信念、根本宗旨、革命传统、优良作风和艰苦奋斗、牺牲奉献、开拓进取、与时俱进、改革创新、自我革命的伟大精神品格，已成为中国人民的价值追求和奋进新时代的不竭精神力量。红色基因的价值旨归是人民至上，奉行"人民对美好生活的向往就是我们的奋斗目标"，把"为中国人民谋幸福，为中华民族谋复兴"作为初心使命，为了人民、依靠人民，实现好、维护好、发展好最广大人民的根本利益，与人民群众血脉相连，为红色江山永不变色筑牢根基。革命博物馆、纪念馆、党史馆、烈士陵园等是党和国家的红色基因库。要讲好党的故事、革命的故事、根据地的故事、英雄和烈士的故事，加强革命传统教育、爱国主义教育、青少年思想道德教育，把红色基因传承好，确保红色江山永不变色。[①] 让红色基因流淌进青少年的血脉和灵魂，在青少年生命里扎下中国根、打下红色底，就是要教育青少年树立远大理想，热爱祖国，担当时代责任，勇于砥砺奋斗，以实现中华民族伟大复兴为己任，增强做中国人的志气、骨气、底气，不负时代，不负韶华，不负党和人民的殷切期望，赓续红色血脉，使党的事业薪火相传，让中华民族永续发展，确保红色江山永不变色。

① 习近平：《论中国共产党历史》，中央文献出版社，2021。

二

用传承红色基因培育青少年爱国情感、报国志向

爱国主义是民族自强的巨大精神力量，热爱祖国并立志献身于祖国和民族，是每个公民应有的政治素养，更是每个青少年为祖国、为人民刻苦学习、磨炼本领、成长成才、贡献力量的思想基础和基本动力。然而思想基础和基本动力的形成并不是轻而易举的，需要研究青少年，把握青少年特点。青少年时期是长身体、长知识和人生价值观形成的重要阶段，好奇心强烈，思维活跃，极富创新与想象力。但是"现在的青少年长期生活在和平环境之下，没有体验过民族生死存亡的苦难，没有经历过血与火的考验，没有参加过艰难困苦的奋斗，人生阅历很有限。如果不加以正确引导和长期教育，难以树立正确理想信念，甚至可能走偏"。[①] 长久以来，西方国家从未停止和放松过对我国实施"和平演变"的图谋，而思想文化领域就是其长期渗透的重点领域，一些情绪浮躁、阅历尚浅、心智不成熟的青少年，难免被一些错误思潮所诱惑，部分因生活条件的极大改善而变得安于享乐、沉溺感官刺激，不愿吃苦、不想奋斗，甚至出现"躺平""45度人生"等各种令人担忧的心理现象和生活状态，究其原因是他们不了解党和国家民族的前世今生，自己与国家有什么关系；受全球化和多元化影响，更关注个人利益和自由；不知道"红色政权来之不易，新中国来之不易，中国特色社会主义来之不易"，今天如何爱国。这就迫切需要根据青少年成长规律和特点，开展形式多样、丰富多彩的传承红色基因主题活动，有针对性地进行教育引导工作。

从情感上，感染触动爱国心。马克思主义认为，现实的人是理性和情感的存在物，其中情感驱动着人的行动产生和发展。我们将党领导人民进行革命、建设、改革开放、建功新时代的无数光辉事例、优秀人物，运用各种方式方法或直面讲述或在红色遗址上追忆或表演情景剧或举办读书演讲赛等呈现到青少年面前，吸引他们关注、调动他们积极心理；注重挖掘整理当地党

---

① 习近平:《培养德智体美劳全面发展的社会主义建设者和接班人》,《求是》2024年第17期。

史国史等历史资料和英烈事迹、请老战士讲亲身经历、请英雄的后代讲英雄、请英雄的人民演英雄，以情感触动他们的心灵，令他们的爱国感情油然而生。

从认知上，懂得感恩今天的来之不易。发挥学校的主渠道作用，将爱国主义教育渗透到学科教学当中，开足上好中国历史课，充分利用升国旗、国旗下的宣讲、每学期开学第一课传承红色基因；结合抗日战争胜利纪念日、烈士纪念日、国家公祭日，以及"七一"、"八一"、国庆节等重要纪念日，组织青少年祭奠，专题宣讲党和国家历史重大事件，以及建党、建军、建国英雄、烈士、功勋事迹；常态化开展青少年"中华魂"读书活动，进行党史学习教育，宣讲党史、新中国史、改革开放史、社会主义发展史、中华民族发展史方面的知识，用历史和现实告诉青少年，个人的前途命运同国家和民族的前途命运紧密相连，今天的和平环境、幸福生活是党领导人民浴血奋战奋斗出来的，让他们懂得感恩党、感恩祖国、感恩人民，爱党、爱国、爱社会主义，爱国报国、担当使命、贡献力量，提升青少年对祖国、对民族和文化的归属感、认同感、尊严感、荣誉感。

从参与主题活动上，体验感悟爱国主义精神。有关部门和单位联合组织开展青少年"中华魂"读书、"传承红色基因、争做时代新人"、寻访红色遗址、拜访英模专家、党史学习教育、以"进三馆（革命博物馆、纪念馆、党史馆）学四史（党史、新中国史、改革开放史、社会主义发展史）"为主题内容的征文演讲、书法绘画展、演唱会、夏（冬）令营、研学等系列活动，引导青少年在参与活动中感受中国共产党人的崇高信仰、坚定信念、忠诚为民、爱国报国、艰苦奋斗、牺牲奉献、开拓进取、自我革命的伟大品格和精神；在党的领导下，我们就凭这种伟大的品格和精神赶走日本帝国主义，取得抗美援朝伟大胜利，国家独立和人民解放，中华民族生生不息、自信自强。建设中国式社会主义现代化强国，实现中华民族伟大复兴，确保红色江山永不变色，红色基因永远是我们汲取营养、智慧、动能、精神的不竭力量。

从行动上，引领显现爱国行动。通过利用红色资源、宣讲红色故事、弘扬以伟大建党精神为源头的中国共产党人精神谱系，引领青少年增强爱国情感，主动积极自觉投身中国式现代化强国建设，做有理想、敢担当、能吃苦、肯奋斗的新时代好少年、好青年。鼓励他们在学校，德智体美劳全面发展、刻苦学习、磨炼本领；在企业，爱岗敬业、艰苦奋斗、开拓创新；在农村，带头振兴、发展产业、推进乡村文明；在家庭、在社区、在社会开展文明实践行动，为建设中国式现代化、推进中华民族伟大复兴做贡献。

三

创新主题活动组织机制，保障青少年爱国主义教育常态长效

聚焦传承红色基因、深化青少年爱国主义教育是一项长期的战略性系统性工程。依照《中华人民共和国爱国主义教育法》关于爱国主义教育坚持中国共产党的领导，健全统一领导、齐抓共管、各方参与、共同推进的工作格局，中央和省级爱国主义教育主管部门负责全国和地方爱国主义教育工作的指导监督和统筹协调，县以上地方有关部门在各自职责范围内开展爱国主义教育工作的规定；遵循《中共中央关于进一步全面深化改革　推进中国式现代化的决定》提出的推动理想信念教育常态化制度化、完善培育和践行社会主义核心价值观制度机制、优化英模人物宣传学习机制、创新爱国主义和各类群众性主题活动组织机制等任务要求，积极推进地方青少年爱国主义教育主题活动机制建设。

省委分管领导挂帅，省委宣传部牵头，省委省政府有关部门、有关群团组织负责同志参加，组成省委爱国主义教育工作领导小组。领导小组办公室设在省委宣传部，内部可分工负责综合、活动、宣传、理论、基地等，明确细化职责任务。统筹提出全民爱国主义教育工作计划、任务要求、激励监督办法等，发挥各部门各群团组织的优势和作用，配合协调推进。每年举行一次领导小组会议，对爱国主义教育工作听取汇报、进行总结、表扬先进、激励后进，纳入各部门各群团组织年度目标责任制考核和干部考评并实行奖惩。

把全省青少年（特别是未成年人）爱国主义教育作为重点，关注青少年的成长需求、根据青少年特点开展爱国主义主题教育，每年坚持自上而下常

抓不懈、讲求实效、协同推进。组织吸引青少年参与主题活动，"既重视知识灌输，又加强情感培育，使红色基因渗进血液、浸入心扉，引导广大青少年树立正确的世界观、人生观、价值观"。[①]

充分发挥红色资源育人功能。在我国 960 多万平方公里的广袤大地上红色资源星罗棋布，见证了我们党团结带领人民进行百年奋斗的光辉历史，汇聚着我们党的梦想和追求、情怀和担当、牺牲和奉献的红色血脉，传承着每一个历史事件、每一位革命英雄、每一种革命精神、每一件革命文物的红色基因，是革命先烈打下红色江山留给后代最宝贵的物质和精神财富，成为一代一代中华儿女守护建设红色江山，接续奋斗，努力创造而不负革命先辈期望、无愧历史和人民新业绩的精神力量源泉。省委爱国主义教育工作领导小组统筹协调、依法认定保护管理利用红色资源，按照一定标准和程序，审核批准确定不同等级的爱国主义教育基地，着力建立健全统筹管理利用红色资源充分发挥育人功能的制度机制。要在深入全面挖掘红色资源的基础上，运用现代化技术手段，建设好具有重要标志性的革命博物馆、纪念馆、党史馆、烈士陵园等，实现有实物、有图片、有系统全面介绍、有声光电情景等，可参观、可体验。建设就近就地革命传统教育、青少年思想道德教育、青少年党史国史教育等基地，方便基层开展多种形式的教育活动。组织专业队伍和热心于关心下一代工作的老干部、老战士、老专家、老教师、老模范等离退休老同志讲好党的故事、革命的故事、英雄和烈士的故事，引导青少年树立民族自尊心、自信心和做中国人的自豪感、历史责任感，激发厚植青少年爱国主义情怀。

健全基层学校家庭社区青少年爱国主义教育协同机制。基层开展青少年爱国主义教育活动，建设统一领导、齐抓共管、各方参与、共同推进的工作机制，离不开学校主渠道作用的发挥、家庭的支持、社区的配合。要鼓励他们见诸行动，各有关方面要创造机会和条件，吸收青少年参与社区和基层组织的精神文明建设，帮需助困为民服务做好事，社区以多种方式予以表扬奖

---

① 习近平:《用好红色资源，传承好红色基因 把红色江山世世代代传下去》,《求是》2021 年第 10 期。

励，让青少年有获得感成就感。社区"五老"开办放学后四点半学校、课外辅导站、红领巾园地等，让少年儿童互相交流、共同进步。社区组织、家庭互助、少年儿童参加，或进行"游基地学党史"专题研学活动，持续坚持形成制度机制，不断提高青少年爱国主义教育实效。

全面贯彻铸牢中华民族共同体意识工作主线
推动内蒙古关工委工作高质量发展

内蒙古自治区关心下一代工作委员会

2023 年 6 月，习近平总书记在内蒙古考察时深刻指出，"铸牢中华民族共同体意识是新时代党的民族工作的主线，也是民族地区各项工作的主线"。内蒙古关工委深入贯彻落实习近平总书记重要指示精神，贯彻落实自治区《关于全面贯彻铸牢中华民族共同体意识主线的若干措施》精神，把铸牢中华民族共同体意识作为关工委工作主线，贯穿于关工委各项工作的始终，在青少年中深入开展民族团结进步教育活动，教育引导广大青少年树立正确的国家观、历史观、民族观、文化观、宗教观。

一

推动铸牢中华民族共同体意识教育进学校、进课堂

自治区关工委把学校作为青少年铸牢中华民族共同体意识教育的主阵地，抓好学生思想培养，播种好中华民族共同体意识的种子，广泛在全区中小学开展"开学第一课"主题教育，持续推进"扣好人生第一粒扣子"主题教育、

中小学加强中华优秀传统文化教育，开设书法、国画、国学、武术、民族舞等课程，推动优秀传统文化、优秀民族艺术进学校、进课堂，让青少年多渠道感受中华优秀传统文化的魅力，增强文化自信。

二

扎实开展党史国史学习教育，铸牢中华民族共同体意识

自治区关工委重点打造"老少同声颂党恩　携手奋进新征程""从小学党史　永远跟党走""青少年游基地学党史"等党史国史学习教育工作品牌，促进广大青少年知史爱党、知史爱国，抓实铸牢中华民族共同体意识主线。一是将铸牢中华民族共同体意识和党史国史学习教育工作常态化，把党史学习教育作为日常必修课、常修课，充分调动广大"五老"和青少年学习党史的积极性和主动性，营造党史学习教育的浓厚氛围。通过举办知识竞赛、演讲比赛、游学参观等活动带动家庭、学校、社会自觉学党史，达到了学史明理、学史增信的要求。二是把课堂教学、校园文化建设和课外社会实践相结合，开展青少年党史知识竞答、红色故事讲述、红色教育基地游学，共享党史学习教育资源，创新党史学习教育形式，增强党史学习教育的吸引力。全区各级关工委坚持把教育基地作为开展党史国史宣传教育的主阵地和活教材，深入挖掘红色教育资源，打造一大批传承红色基因、锻造时代新人的爱国主义教育、国防教育、法治教育基地。三是紧紧抓住铸牢中华民族共同体意识这条主线，充分发挥"草原英雄小姐妹""三千孤儿入内蒙""草原母亲——都贵玛""齐心协力建包钢"等民族团结进步的典型示范引领作用，使"三个离不开""五个认同"思想在青少年心中落地生根，引导青少年珍惜"模范自治区"的崇高荣誉，促进各民族青少年像石榴籽一样紧紧抱在一起。四是抓住民族法治宣传周、民族政策宣传月、民族团结进步活动月等时间节点，在青少年中广泛开展党的民族理论和民族政策宣传，大力宣传习近平总书记和党中央对内蒙古的关怀与支持，积极开展"滴灌式""精细化"宣传教育，夯实铸牢中华民族共同体意识的思想根基。

三

深入学习宣传习近平法治思想，将铸牢中华民族共同体意识
贯穿青少年法治教育宣传工作

在青少年法治宣传教育工作中融入爱国主义教育、中华优秀传统文化教育和民族团结进步教育，通过多种渠道帮助青少年学习领悟习近平法治思想的深刻内涵，引导广大青少年遵纪守法、崇德向善，积极培育和践行社会主义核心价值观，使广大青少年坚定不移听党话、感党恩、跟党走。一是组织有专业特长和经验优势的"五老"开展线上青少年法治教育专题讲座，联合政法、教育、共青团等部门，逐步建立党政主导、关工委协调、部门参与、学校实施的"四位一体"青少年普法教育长效机制。自治区关工委开展"铸牢中华民族共同体意识"教育活动专题宣讲培训，邀请中央党校岳亮教授围绕"铸牢中华民族共同体意识"进行专题讲座，线上线下观众 4 万余人先后参加了学习。二是加强青少年普法小记者、家庭教育普法宣讲团、普法志愿者队伍建设，充分发挥"五老"报告团和宣讲团、法律工作者、法治副校长、思政课教师的作用，推动法治教育志愿服务常态化、制度化。三是多渠道、多途径开展"关爱明天、普法先行"青少年法治教育宣传活动。充分发挥学校主阵地和课堂主渠道作用，结合国家宪法日、国际禁毒日、全国消防日、全国中小学生安全教育日及学校开学仪式等重要时间节点，开展法治教育宣讲。努力构建以家庭为基础、以学校为主体、以社会为平台的"三位一体"青少年法治教育网络，加强青少年法治教育和权益保护。

四

充分利用内蒙古丰厚的红色资源，讲好红色故事，传承红色基因

内蒙古自治区拥有中宣部命名的爱国主义教育基地 15 个、中国关工委命名的全国关心下一代党史国史教育基地 12 个，自治区和各盟市还建设了很多红色教育基地。这些教育基地全方位全景式展示了内蒙古红色记忆、英雄故

事、奋斗篇章，体现了内蒙古各族人民在中国共产党的领导下取得的历史性成就，成为党史国史教育、民族团结教育和青少年思想道德教育的重要场所。全区各级关工委紧紧依托这些教育基地，把革命旧址转化为现场教学课堂，利用基地所展现的历史事件、历史人物、文物资料，通过开展红色体验实践活动，采取实景式教学、开放式参观学习、现场情景再现等模式，让红色资源火起来、党史故事活起来，引导广大青少年从红色文化、红色故事、红色文物中汲取营养，厚植青少年爱党、爱国、爱社会主义的情感，自觉学英雄、学榜样，传承红色基因，争做时代新人。

五

积极组织开展全区青少年"中华魂"主题教育，
教育引导广大青少年铸牢中华民族共同体意识

一是从青少年的特点出发，紧扣教育主题、坚持读书育人，把读书活动与铸牢中华民族共同体意识相结合、与学校课堂教学相结合、与道德养成教育相结合、与校园文化建设相结合，充分利用已建立的老教师宣讲团、关爱青少年报告团等"五老"队伍深入学校、机关、企业、社区、农村牧区进行宣讲辅导。二是紧紧围绕社会主义核心价值观教育、铸牢中华民族共同体意识教育、党史国史教育、传承红色基因教育，每年突出一个主题推荐一套书籍。三是把"中华魂"主题教育作为服务青少年健康成长的一项大型公益活动和关心下一代工作知名品牌，开展系列活动，促进青少年形成正确的世界观、人生观、价值观。

六

加强关工委自身建设，不断提升关工委工作的能力和水平

一是加强党的领导，用习近平新时代中国特色社会主义思想凝心铸魂，学习宣传贯彻落实好党的二十大和二十届二中、三中全会精神，深刻领悟

"两个确立"的决定性意义，增强"四个意识"、坚定"四个自信"、做到"两个维护"。二是选优配强各级领导班子，让更多政治素质高、热心公益事业、具有奉献精神的老同志参与到关心下一代工作中。充分发挥"五老"报告团、宣讲团的作用，在青少年中持续开展习近平新时代中国特色社会主义思想宣传教育活动，推动铸魂育人工作常态化、长效化、规范化，筑牢青少年成长成才的思想之基、信念之基、精神之基。

青少年阶段是人生的"拔节孕穗期"，最需要精心引导和栽培，内蒙古关工委将准确把握铸牢中华民族共同体意识教育的重大要求，对标对表自治区党委"七个做模范"部署要求，进一步增强做好关心下一代工作的使命感和紧迫感，以铸牢中华民族共同体意识为主线，推动新时代党的民族工作高质量发展，巩固和发展民族团结大局，为奋力书写中国式现代化的内蒙古新篇章贡献力量。

以"两个结合"为突破口
创新推进青少年思想教育高质量发展

辽宁省关心下一代工作委员会 ——————————————

2015 年 8 月 25 日，在纪念中国关心下一代工作委员会成立 25 周年暨全国关心下一代工作表彰大会上习近平总书记指出，做好关心下一代工作，关系中华民族伟大复兴。做好青少年思想教育是关心下一代工作的核心所在，也是新时代关工委工作高质量发展的突破口。为此，近年来辽宁省重点围绕如何创新推进青少年思想教育高质量发展进行了深入探索和实践。

一

坚持青少年主体地位与"五老"主导作用相结合，
高质量引领青少年思想教育创新发展

2022 年 5 月，在庆祝中国共产主义青年团成立 100 周年大会上习近平总书记谆谆嘱托，各级党委（党组）要坚持青少年至上的理念；要倾注极大热忱研究青少年成长规律和时代特点，拿出极大精力抓青少年工作，做青少年朋友的知心人、青年工作的热心人、青年群众的引路人。习近平总书记的重要指示，既对新时代关心下一代工作提出了新的和更高的要求，也为关工委工作高质量发展提供了行动指南。贯彻落实习近平总书记重要指示，创新推进青少年思想教育，必须在思想认识和工作理念上有新的升华。首先，必须坚持青少年至上的主体地位，一切以青少年为中心，以青少年需求为导向，以激发青少年自我学习的内在动力为目标，以青少年受益没受益、满意不满意为评价标准；其次，必须坚持从青少年的特点和实际出发，遵循其成长规律，科学施教；再次，必须坚持当好青少年成长的热心人、知心人、引路人的工作法，最佳途径就是充分发挥好"五老"成员皆是青少年热心人、知心人、引路人典范的独特优势和施教者的主导作用；最后，青少年主体地位与"五老"主导作用相结合是青少年思想教育工作的生命线，关工委工作的核心要义就是为两者的作用发挥提供指导服务。然而实际工作中，我们往往把青少年当做被教育对象，面对面、心贴心地平等交流、倾听意见要求不够；"五老"往往是按关工委指定内容、方式、地点开展教育活动，束缚了他们的手脚，限制了他们的创造性和能动性。基于上述认识，近年来，我们在转变工作方式、强化青少年主体地位和增强"五老"主导作用的良性互动上进行了有益探索。

（一）教育内容征求青少年和"五老"意见确定

思想教育内容符合青少年的所需所求，是做实做好青少年思想教育的前提。为此，几年来，我们在研究部署重点工作和活动时都立足于尊重青少年的主体地位和发挥"五老"的主导作用，坚持从青少年中来再到青少年中去的原则，真实了解青少年的思想动态，直接听取青少年、"五老"的意见和要求。针对"五老"进校园，事先调查了解校园和学生现状、他们的关注点和需要答疑解惑的问题等情况，确保备课宣讲更具针对性和实效性。

（二）作为活动主角的青少年和"五老"联袂主演

"五老"的积极性、创造性和青少年参与的主动性及热情是高质量开展思想教育的保证，两者如同一台重头戏中相互依存、相互成就的两大主角，而关工委的角色是为保障演出成功做好服务工作。过去，我们的工作方式习惯于包办代替，无意间让本该成为"主角"的青少年变成活动的"配角"，影响了活动的吸引力。基于此，我们一方面调整过去"五老"与青少年之间单向的我讲你听、我问你答的主被动关系，变为一起讲共同议、相互问共同答的平等互动关系，充分体现青少年的主体地位，进而提升他们的参与积极性和获得感；另一方面尝试在组织活动时邀请两大"主角"共同商议活动事宜，并在活动开展时把舞台交由"主角"负责。例如，"游基地、学党史"活动的全过程都是由"五老"及少先队员、志愿者共同商议决定，启动仪式交由"五老"、学生和志愿者登台完成，出席的各级党政领导现场为"五老"和学生们加油鼓劲。这场别开生面的启动仪式，达到了预期效果：一是活动因契合学生的实际、特点和兴趣而深受欢迎；二是活动通过参与学生和家长的口口相传，实现了影响力的提升；三是活动鲜明体现了关工委使思想教育主角回归本体的理念和决心。

（三）素质提升助力青少年和"五老"同步成长

在确定新思路新理念后，打造过硬的思想教育队伍成为关键。为此，我们首先通过建立健全"五老"队伍引进和退出机制，充实了大批富有实践经验和专业能力的"五老"，并对口组建了党史国史、雷锋精神、法治宣传等宣讲团队，面向中小学实施"雏雁领飞"计划，推动各市每年培养100名省级"红领巾"讲解员，实现每个学校都有学生宣讲团队；其次，省市关工委每年都开办宣讲员培训班，确保"五老"知识储备跟上新时代发展需要，"五老"宣讲员同时对口承担学生宣讲员的实操培训工作；最后，强化激励措施，切实做到对"五老"政治上关心、工作上支持、生活上关怀，定期评选优秀宣讲案例、雷锋式"五老"及"五老"团队，并择优推荐"辽宁好人"和开展精神文明建设表彰，为活动创新发展不断注入生机与活力。

二

坚持情景式教育和实践式教育相结合，
高质量推动青少年思想教育创新成果落地

情景式教育是以生动形象的情境激起学习者学习热情为手段的教育方法；实践式教育是以实际锻炼为手段，巩固学习者学习成果并培养学以致用能力的教育方法。两者都是广为运用且最适合青少年特点的教育方法，如游基地、现场参观、实践点评等都属于比较常见的实践形式。教育和实践相结合是辩证唯物主义基本原理的客观要求，但现实中，我们还存在思想教育与实践活动联系不够密切的问题，导致诸多得之不易的教育成果，因没有衔接讨论深化和实践升华环节而来不及消化吸收和学以致用即浅尝辄止。为此，近几年辽宁省初步探索了以下新的途径。

（一）以三段教育法，构建思想教育生态链

思想教育成果的演进过程，必须经过授课传道、思考吸收和实践升华三个阶段的循环往复才能达到根植于心的彼岸。用这一理念指导青少年思想教育，一方面要大力推广应用现代化声、光、电等手段以青少年喜闻乐见的形式，增强情景式、体验式教育的效果；另一方面，要不断优化把教育成果转化为认知成果和实践成果的全要素过程，实现真学真懂真会真用一以贯之。为此，我们重点推广了本溪市青少年普法活动中创造的"现场教学＋组织讨论＋实践点评""三位一体"的模式，让青少年思想教育链条更加完整。

（二）以榜样感召法，做好零距离贴身传帮带

培养合格接班人不仅需要坚持不懈的思想教育，更需要营造先进向上的成长环境和长期润物细无声的呵护滋养。在抗击新冠疫情期间，省关工委组织10万"五老"逆势而上，承担起青少年防疫保护的"宣传员""引导员""守护员"，并创造性地开展"传承红色基因，讲好抗疫故事"青少年思想教育活动。该活动的特殊之处在于，青少年都是这场充满生死考验、涌现

无数感天动地英模、尽显党的领导和中国制度优势的伟大抗疫实践的亲历者，讲故事者都是疫情期间守护过他们、感动过他们，并堪称伟大抗疫精神鲜活榜样的"五老"，所以，活动一经开展便顺理成章地受到青少年的欢迎，取得心服口服、入脑入心的效果。由此可见，选树青少年身边的榜样人物对青少年成长而言有多么重要。所以，各级关工委从建立健全优化英模人物宣传学习机制入手，明确目标任务、制定整体规划、精心组织实施，选树更多青少年身边的榜样人物和雷锋式"五老"典型，形成榜样集群效应，更好发挥他们零距离言传身教的感召作用。

（三）以携手践行法，推动教育成果转化为实践成果

一方面组织"五老"动员青少年积极投身辽宁全面振兴新突破三年行动的社会实践，开展"老帮青、助发展、促振兴"三年行动，组织1万多名老干部、老专家、老劳模、科技能手和能工巧匠，联系帮扶青年农民12万人次，培养青年致富带头人5450人。其间，将国家发展史、自力更生优良传统等教育，以及"五老"以身示范的雷锋精神传承融入活动全过程，为探索以思想教育服务振兴大局积累了新经验；另一方面在学雷锋活动中，为使青少年身边有榜样、实践有成就，全省选树了一大批"雷锋式'五老'"，各市县均成立了以先进"五老"为带头人的志愿者团队，与青少年和中小学生志愿者团队紧密合作，广泛开展了"公益二代学雷锋""老中青三代学雷锋"等活动，全省40万"五老"每年带动300万名青少年实施学雷锋活动30多万场次、做好事实事100多万件，推动学雷锋活动向家校社协同育人发展、向三代人共同践行传承发展。

构建红色基因传承体系
推动新时代关工委工作高质量发展

辽宁省大连市关心下一代工作委员会

大连市关工委在市委领导下，全面贯彻中办、国办《关于新时代加强关心下一代工作委员会工作的意见》（以下简称《意见》）和中国关工委、省关工委决策部署，致力于构建红色基因传承体系，完善平台和保障措施，探索新工作思路，为新时代关工委工作高质量发展打下良好的基础。

一

构建红色基因传承体系

大连市具有丰富的红色资源，为传承红色基因提供了优越的条件。多年来，我们更新教材，提高队伍素质，持续开展主题活动，构建起红色基因的传承体系。

（一）把更新教材作为传承体系的基础

从 1921 年建党到改革开放的每一个历史阶段，都镌刻着大连红色资源的印记，这既是弥足珍贵的历史资料，也是教育青少年热爱党、热爱祖国、热爱社会主义的宝贵财富。为更好地体现大连特色，我们把深度挖掘红色资源作为全市各级关工委的重要历史责任和工作任务。近几年，我们组织力量认真提炼出符合新时代特点、歌颂党歌颂英雄的精彩章节和片段，为老教材注入了新生机。市关工委先后组织编写了《走进大连市爱国主义教育基地》《五老个个是雷锋》等图书。各区市县关工委编写的本土教材都有新的闪光点。

（二）把提高队伍素质作为传承体系的重点

为解决部分"五老"人员年龄偏大、文化水平偏低等问题，市关工委调整和充实了市老教授报告团、老战士报告团和普法宣讲团，把那些热爱青少年教育工作、有较强宣讲能力、在社会主义建设和改革开放中积累了丰富的工作经验的老同志吸纳到宣讲队伍中，不断优化"五老"队伍的年龄、知识和专业结构，为传承红色基因贡献力量，为实施"五老"关爱工程打好基础。

（三）把领导带头作为传承体系的引领

为克服满足于面上部署、习惯于发号施令的官僚主义作风，市关工委始终坚持领导躬行带头进行宣讲的做法。在讲好党史故事活动中，市关工委领导先后到中小学校讲述毛泽东的故事，以及在大连生活和战斗的老一辈革命家关向应、徐海东、吴运铎的革命故事。老战士报告团团长李光祥将军深入学校社区和农村宣讲数百场红色故事。全市形成了层层带动、领导都是"故事王"的生动局面。

（四）把特色主题活动作为传承体系的核心

一是深入开展学雷锋活动。大连是雷锋精神的重要传承地。多年来，全市各级关工委紧紧围绕"让雷锋精神永驻大连"的目标，深入开展学雷锋活动，活动范围遍布城乡，成效显著。二是全面开展老帮青、助发展、促振兴活动。"围绕中心、服务大局"是关工委工作的重要原则。市关工委印发《关于全面推动"老帮青 助发展 促振兴"三年行动的实施意见》，明确关工委助推经济社会发展的指导思想、工作任务和主要措施。各区市县开展的特色活动风起云涌，有力促进了当地经济社会发展。三是深入开展普法教育。市关工委按照中国关工委"关爱明天、普法先行"青少年法治宣传教育活动安排，与市委政法委密切配合，积极开展普法教育宣传活动。2024年，市委成立了第五届"关爱明天、普法先行"青少年法治宣传教育活动领导小组，完善了工作制度，压实了各成员单位责任，合力形成青少年法治宣传教育的新矩阵。市区两级关工委开展普法活动2380场次，受教育青少年达58620人次。开展青少年普法培训223次，参训2630人次。86名法治讲师、1072名青少年法治辅导员作法治宣讲报告1600多场次，受教育青少年5万多人次。

二

强化红色基因传承的基础保障

围绕立德树人的工作目标，努力为培养担当民族复兴大任的时代新人搭建平台、提供保障，是新时代关工委的重要责任。

（一）搭建实践教育平台

大连是有着厚重历史底蕴的城市，"一个旅顺口、半部近代史"，生动形象地展示出大连在中国近代史上的重要地位。大连市关工委在调研中发现，区市县关工委积极发挥主观能动性，组织动员广大"五老"深入挖掘本地特色的红色资源，联合相关单位共建爱国主义教育基地，打造面向青少年开展主题思想教育、劳动体验教育的重要课堂。市关工委重点强化以下三项措施：一是提高政治站位，加强规划布局；二是坚持高标准，培育和树立典型；三是加大宣传力度，扩大基地的社会影响力。

（二）提供坚强组织保障

大连市重视加强关工委组织建设，全市90%以上的乡镇（街道）、村

（社区）都建立了关工委组织，企事业单位也在陆续建立关工委组织。市关工委重点抓了以下三个方面工作。一是在市委强有力的领导下，调整和充实市级关工委领导班子，班子成员在年龄结构和专业能力等方面有明显改善。二是加强区市县关工委班子建设。坚持有进有退、进退有序的原则，及时配强配齐了领导班子，理顺了领导体制和工作机制，其凝聚力和战斗力有了明显增强。三是进一步完善乡镇（街道）、村（社区）等基层关工委组织。坚持"哪里有青少年，哪里就有关工委组织"的原则，延伸工作触角、拓展工作领域、扩大工作覆盖面，为关工委工作高质量发展打下了良好的组织基础。

（三）建立长效体制机制

市关工委着重抓了以下五个方面的机制建设。一是联动机制。出台了《大连市关心下一代工作委员会联席会议制度》和《联席会议议事规则》等文件，明确了各成员单位的工作职责及重点任务，为凝聚关心下一代工作发展合力奠定了基础。二是育人机制。积极形成家庭学校社会"三位一体"共担责任的新思路新办法，引导青少年在家做一个好孩子、在学校做一个好学生、在社会做一个好公民。三是培训机制。市关工委每年都举办区市县关工委领导干部培训班，深入学习贯彻习近平新时代中国特色社会主义思想和上级关工委重要文件精神，增强做好关工委工作的责任感。坚持每年举办基层关工委通讯员培训班，提升通讯员的业务能力和素质。基层关工委围绕农时开展农业技术培训，加强重点工作和业务培训，提高了广大"五老"联系和服务青少年的本领和水平。四是宣传机制。各级关工委坚持深入实际调查研究，及时总结经验、培育先进典型，加大宣传力度。五是关爱机制。各级关工委对广大"五老"在责任上压担子、工作上教路子，同时更加重视关心"五老"的工作和生活，及时解除他们思想上的困惑、解决工作和生活中的困难，坚持在重阳节和春节走访慰问"五老"，送去组织上的关怀和体贴。

三

存在的困难和问题

（一）服务大局意识需进一步增强

按照中国关工委"急党政所急、想青少年所需、尽关工委所能"的要求，我们在围绕各地党政工作的中心任务安排，部署各项工作、开展各项活动方面还存在不足。

（二）管理体制需进一步完善

按照《意见》要求，各级党委副书记或组织部部长兼任关工委主任，但因各地情况差异，在贯彻落实中还存在不足。

（三）关工委工作保障经费需进一步落实

经济形势好的时候，各级党委和政府都能有效落实经费保障。但在财政吃紧时，有的地方压缩关工委经费，给开展关心下一代工作带来一定困难。

四

推动关工委工作高质量发展的思考

《中国关工委"十四五"发展规划和二〇三五年远景目标》为新时期的关工委工作确立了目标，指明了发展方向。站在新的历史起点，我们将积极探索"党建带动""典型推动""创新驱动""社会联动"等发展模式，为新时代关工委工作高质量发展积累实践经验。

（一）党建带动

建立"党建带关建"的工作机制，对于加强党的领导、推动关心下一代工作而言具有重大意义。坚持党对一切工作的领导，是有效解决困扰和制约关工委创新发展工作问题的重要保证。必须始终坚持以党的建设带动"五老"

优势作用的发挥、带动思想政治工作的创新、带动关工委工作的高质量发展。同时要加强理论研究，不断丰富"党建带关建"工作的内涵，完善"党建带关建"的工作机制。

（二）典型推动

学习典型，能够促进先进带后进、后浪逐前浪的大势形成。近年来，大连市关工战线涌现出李光祥将军、沙国河院士、邵春亮教授等一大批优秀"五老"的个人和先进集体典型，这对关心下一代事业的全面发展起到了重要的促进作用。还应挖掘培育更多典型人物和集体，对那些树得起、稳得住、带得实的先进典型要加大宣传力度，让"比、学、赶、帮、超"的热潮一浪高过一浪。

（三）创新驱动

时代发展呼唤创新。各地关工委的工作实践充分证明，关工委的一切工作都来自创新的驱动。创新驱动是新时代关工委工作高质量发展必须长期坚持的基本经验，只有不断研究新情况、解决新问题、提出新思路和新举措，才能确保创新驱动久久为功，为关工委工作持续健康全面发展提供不竭动力。

（四）社会联动

关心下一代工作是党和国家事业发展的重要组成部分，培育德智体美劳全面发展的社会主义建设者和接班人，是全社会的共同责任。在工作大格局中，关工委承担着"主动作为"的光荣使命，积极争取党的领导、动员和组织社会力量共同参与关心下一代工作，形成社会联动促进青少年健康成长的发展格局，是新时期关工委的重要使命担当。在未来的新征程上，必须把社会联动推进关心下一代事业发展作为主攻方向，在沟通、协调和促进上有所作为，推动新时代关工委工作高质量发展。

用活红色资源优势　助力人民城市建设

——上海加强关工工作品牌建设的探索与实践

上海市关心下一代工作委员会

在人民城市理念提出五周年之际，习近平总书记给"老杨树宣讲汇"全体同志的回信，是"老杨树"们的光荣，也是全市"五老"的光荣，必将为新时代关心下一代事业和人民城市建设汇聚起新的澎湃动力。"老杨树宣讲汇"是上海市关工委品牌建设的一个缩影。近年来，上海市关工委坚持用好用活党的诞生地、初心始发地和伟大建党精神孕育地的红色资源优势，以改革创新为动力，以品牌赋能为牵引，始终聚焦中心大局、坚持深耕细耘，在助力人民城市发展中打响"上海品牌"。

一

用好红色资源，打响上海品牌

上海是我们党的诞生地。为了发挥好这一独特优势，2018 年，按照中国关工委党史国史教育部署，对标市委品牌战略，在全市开展"从石库门再出发——学习党史国史、传承红色基因、争做时代新人"主题活动，打响品牌

"战役"。

一是精准定位赋能。石库门，具有鲜明的上海特色，融入关心下一代工作品牌建设，既承载了时代主题，传承弘扬红色文化，也有利于更好凝心聚力，做大做强品牌。按照这一工作思路，2018年全市在中共一大会址启动了"从石库门再出发——学习党史国史、传承红色基因、争做时代新人"主题活动，而后调整为"在较长时间段内持续运行"，保证了活动的稳定性和可持续性；同时设立了"读书""宣讲""寻访""观影""实践""征文"6个活动平台，并根据形势任务变化对项目名称、活动内容、方式载体、组织形式等赋能增效，使活动切合青少年所需所盼和"五老"所能所愿。基层关工委也设计了区域性活动，上下呼应、同步推进，形成矩阵效应。顾秀莲主任对这一做法给予了充分肯定。

二是深挖红色资源。先后按需选择在一大会址、四行仓库、黄浦码头旧址、马桥文化发源地等爱国主义教育基地举办启动仪式和定向赛，寻访红色印迹，汲取奋进力量；连续7年编印"老少结对共读一本书"辅导读本，其中《上海英模谱》中的100位英模人物，有的是本地出生，有的长期战斗、工作、学习、生活在上海，具有明显的"上海特征"；《上海红色乡土故事选》选录了71篇具有地区性"红色乡土"特性的英雄人物故事或革命斗争史，为深入开展党史学习教育提供了生动教材；《上海红色遗迹里的故事》中的52个故事，地方性、史料性、故事性都非常强，既能讲给青少年听，又能开展实地寻访，成为"读书"活动的"必选"。

三是创新形式载体。主动关注和研判数智融合背景下的科技创新、网络热点和突发事件等，适时组织形式多样的线上线下宣传教育活动，不断提升宣讲教育的吸引力、感染力，进一步强化了对青少年的思想政治引领。创新推进"观影"活动"入云"，比如，在趣头条网站设置了上传不超过200字微影评的"微言"、红色经典影片片段模仿秀的"微演"、以多种形式绘制红色影片海报的"微绘"等网络互动环节，吸引近10万名青少年学生参加。开发上线"悦学党史"微信小程序，提升了党史学习教育的吸引力和有效性。全市各级关工委也充分依托互联网技术平台，积极开展"微课堂""微直播""微展示""博客秀"等网上活动，为品牌建设注入了时尚元素。

二

聚力中心大局，打造特色品牌

五年前，习近平总书记在杨浦滨江提出人民城市理念，并鼓励老劳模黄宝妹"多向年轻人讲一讲"，坚定他们的"四个自信"。习近平总书记的嘱托，是政治责任，也为新的品牌创建提供了"源泉"。

一是组建特色团队。主动适应城市转型发展需要，以"五老"人才库建设为牵引，先行先试、逐步推开，先后打造了"五老"工作室、互联网企业关建指导员、网络巡访团、数字生活体验官、"半马苏河"红色研学队、幸福婚姻导师等特色团队，持续推动了银发人才"二次开发"，不断为品牌建设提供可持续的人才支撑，形成了特色品牌"百花齐放"的生动局面。比如，在杨浦滨江率先创建了旨在讲好党的故事、传承红色基因、弘扬城市精神的"老杨树宣讲汇"，先后集结了以"七一勋章"获得者黄宝妹、"人民教育家"于漪为代表的 300 余名老同志，进社区、进校区、进园区、进营区、进商区开展理论宣讲。其中，老劳模黄宝妹入驻 B 站直播，结合亲身经历讲述"一辈子为人民纺纱"的故事，首场就吸引了 5000 多人"围观"，成为受年轻人追捧的"UP 主"。

二是讲好城市故事。聚力"一江一河""新城发力""南北转型""美丽乡村"等人民城市建设亮点，组织和动员老同志结合亲身经历，讲好中国式现代化上海篇章的故事。比如，成立"光启晚晴""五老"报告团滨江分团，组织有徐汇滨江规划开发和建设"故事"的老同志，从亲历者见证者视角，向全市青少年生动讲述徐汇滨江的"前世"与"今天"，激发了青年一代的幸福感自豪感使命感。2024 年，以人民城市重要理念提出五周年为契机，组织开展了"人民的城市"主题短视频展映活动，用"红色"短视频生动演绎人民城市的精彩，共制作精品短视频 50 部，除了在"学习强国"等主流平台展播外，还入选上海人民城市实践展示馆，生动展示了人民城市建设成果，传承弘扬了以城市精神为内核的红色文化。

三是助力城市发展。老同志既要讲好人民城市故事、传承弘扬城市精神，也要身体力行，发挥好在城市建设和治理中的示范引领作用。比如，每年组织响应网上"清朗""护苗"行动的"乐龄申城·E 行动"志愿服务活动，全市"五老"志愿者围绕思想引领、信息监督和安全宣传，开展在线巡访，传递了向上向善的正能量。组织离退休干部、职工中的党员到"两企三新"担任关工指导员，持续扩大基层组织覆盖面。比如，组织相关企业青年职工集体返乡与子女团聚，不仅化解了青年员工家庭的"思念之苦"，也进一步增强了企业的凝聚力向心力。郊区老同志还积极参与美丽乡村建设。比如，嘉定、崇明、金山、青浦等区组织由"五老"志愿者组成的民宿体验官，定期了解住店体验，广泛开展督导检查，助推民宿经济健康发展。

三

坚持深耕细耘，打磨示范品牌

坚持把品牌培育与全面贯彻落实习近平总书记重要指示批示精神、中办国办《关于加强新时代关心下一代工作委员会工作的意见》结合起来，推动品牌建设与工作发展互促互进，打造立得住、叫得响的示范品牌。

一是突出工作指导。深入一线调研，先后对徐汇、长宁、杨浦、黄浦、金山等 10 家单位的创新性工作和特色性做法进行跟踪指导，帮助理清创建思路、丰富品牌内涵。比如，在人民城市重要理念提出五周年之际，提出工作汇报建议及相关筹划，并从组织设置、品牌内涵、队伍构成、课程创新、阵地拓展等方面，对"老杨树宣讲汇"开展重点帮带，先后形成了《牢记殷殷嘱托　致敬百年风华》《融入时代元素　汲取奋进力量》《讲好人民城市故事　凝聚创新发展新力》等全市性经验做法总结，并以杨浦为研究对象，撰写《新时期在互联网企业建立关工委组织以及开展党建带关建工作的路径探析》调研报告，入选 2022~2023 年的"中国关心下一代蓝皮书"，为先进品牌培育和宣传推广奠定了扎实的基础。

二是开展交流互鉴。通过座谈交流、专题培训、工作专报等形式和平台，及时交流品牌创建经验，取长补短，互学互鉴，共同进步。比如，2023 年举办全市关工委系统青少年党史学习教育经验交流会，精心安排9家单位和个人从红色资源利用、主题宣讲内容、平台载体创新、建立健全机制、品牌赋能增效等多个维度，分享了各自立足区域实际、创造性开展青少年党史学习教育品牌创建的探索和实践。参训的近200名关工委干部和"五老"骨干纷纷表示，培训主旨明确，内容安排科学，既开阔了视野、启发了思维，也教会了方法，让大家学有榜样、赶有目标。

三是加强宣传推广。用好主流媒体和本系统平台，广泛开展典型宣传报道，持续提升品牌的知名度和影响力。组织动员全市力量，梳理形成了以入选"全国关心下一代十佳工作品牌"的青年马克思主义读书会和入选"全国关工委工作品牌"的"夕阳红"讲师团、高校特邀党建组织员为代表的《上海市100个关心下一代工作品牌汇编》，为充分发挥品牌引领示范作用以及持续推动品牌守正创新打下了坚实的基础。结合全国关工委评选表彰，推荐浦东新区新四军历史研究会、徐汇区"光启晚晴""五老"报告团、上海市老科协科普讲师团等"五老"团队品牌为全国关心下一代工作先进集体；推荐嘉定区"沈启华"工作室入选全国"五老"工作室优秀案例；推荐上报7家基层关工委助力乡村振兴工作品牌……召开全市表彰暨先进事迹报告会，营造了学习先进典型、弘扬"五老"精神的浓厚氛围，夯实了品牌建设基础，扩大了社会效应。

习近平总书记给杨浦区"老杨树宣讲汇"全体同志回信，是对全市广大"五老"的关怀和鼓励，也饱含了对新时代老同志们深入践行人民城市理念的期许和鞭策。上海市关工委系统和广大"五老"将化嘱托为动力，积极行动起来，以品牌促发展，继续面向青少年讲活党的红色历史、讲透党的创新理论、讲实城市可喜变化、讲好身边生动故事，带动更多市民深入践行人民城市理念，积极参与城市建设和治理，为共建和谐美丽城市、共创幸福美好生活贡献关工智慧和"五老"力量。

丰富善用之道　踩实精品之路

—— "五老" "大思政课"善用之道的探索与实践

江苏省南京市关心下一代工作委员会 ────────────

　　近年来，江苏省南京市关工委深入贯彻落实习近平总书记关于"'大思政课'我们要善用之，一定要和现实结合起来"指示要求，坚持为党育人、为国育才，坚持聚焦立德树人根本任务，坚持发挥"五老"优势作用，以打造精品课程为突破，以开展精品活动为平台，组织开展了一系列思政育人精品活动，有效提升了"五老"助力"大思政"工作的影响力。为进一步推动"五老"助力"大思政"工作高质量发展，我们围绕相关工作开展了专题调研，以期进一步摸清情况、深化认识、做好工作。

一

江苏省南京市"五老"助力"大思政"工作现状与特征

　　江苏省南京市关工委成立 40 余年来，始终坚持服务青少年的正确方向，充分发挥自身优势和作用，做了大量实实在在的工作。早在市关工委成立伊始，就组建了市关工委青少年思想道德教育讲师团；2017 年，又成立了市关工委法治报告团，组织"五老"志愿者不计薪酬、不图回报，自编教案、深入学校，给孩子们讲革命故事、优良传统、人生哲理和法律知识，为促进青少年健康成长发挥了积极作用。

（一）"五老"讲师团队伍覆盖全市

市关工委指导各级关工委加强"五老"讲师团队伍建设，"五老"讲师团队伍现已基本覆盖全市各区和街道。通过遴选政治过硬、热情高、素质好、有影响力的老同志，持续为队伍注入新鲜血液，进一步增强工作合力。2023年，市关工委将青少年思想道德教育讲师团和法治报告团整合成"大思政"宣讲团，进一步优化了人力资源配置和服务管理。全市各级"五老"讲师团常态化进学校、进社区开展宣讲工作，推动党的创新理论走近青少年、引领青少年。五年来，全市"五老"进学校、进社区，累计开展宣讲活动1.53万场，受教育青少年216万余人次。

（二）专业力量为思政课技术赋能

坚持融合科技力量、用活媒体技术，通过"五老"思政教员＋年轻团队＋现代科技的组合，吸引新时代青少年对"五老"思政课程的"路转粉"。依托南京报业集团建立起一支精通青少年思政教育的新媒体团队，协助"五老"制作PPT课件，录制上传宣讲视频，为"五老"宣讲赋能助力。围绕打造精品课程，协助"五老"收集并在课程中融入案例和故事、图片与视频，让课程更容易入眼入耳、入脑入心。依托专业力量，创新"五老""大思政课"录制方式，将以往的演播室录播改为讲师团成员授课现场录课，让"五老"助力"大思政"工作散发出新的活力。

（三）凝聚"五老"心力的新质课程持续涌现

关工委"五老"讲师团成员来自社会的各个领域，有老领导、老校长、老模范、专家教授。丰富的工作经历和人生体验，让他们的授课能够更好地帮助青少年拓宽视野、增长知识、接触社会。"五老"讲师团精品课程以案例和故事为切入点，凭借着更加鲜明的立意、更加鲜活的案例、更加接地气的语言，让学生更容易入眼入耳、入脑入心，得到了青少年的喜爱和认可。2024 年，市关工委结合庆祝新中国成立 75 周年活动，把"精品活动"与"精品课程"结合起来，把"教育"和"感化"结合起来，相继开展 5 场贯穿全年的思政精品活动，实现了思政教育的"仪式感"和青少年"获得感"的兼容渗透，丰富了"大思政"善用之道的创新内涵。五年来，在市关工委各类融媒体平台上推出的"五老""大思政课"浏览量达 30 余万次。

（四）部门协同工作机制逐步完善

近年来，市关工委与市委教育工委、市教育局深度合作、协力探索，2022年 4 月，联合发布《关于发挥"五老"作用　助力"大思政"工作的实施意见》，为"五老"常态化制度化规范化参与青少年思政教育奠定了基础；2023 年 8 月，联合发布《关于进一步推进"五老"助力"大思政课"建设的若干措施》，加强补齐延展工作链条，完善备课、选课、教课、巡课、评课"五课"全链条管理，制定工作流程图，明确宣讲任务、工作路径、时间节点、责任主体，使"五老""大思政课"的课程质量和育人质效得到进一步提升，相关做法被中央和省、市等 10 多家媒体报道，新华网客户端点击量突破 14 万人次。

（五）"大思政课"网络阵地进一步加强

在全国率先完成市级关工委融媒体平台建设，综合集成网上思想政治工作、心理危机干预、家庭教育指导等功能，为抓好青少年思政教育插上"网络翅膀"。深入挖掘南京市丰富的红色教育、法治教育资源，创新运用 VR全景技术建设 20 个 3D 实景呈现的"南京市关心下一代党史国史教育基地网络地图"，让孩子们通过电脑、手机就能身临其境。组织"五老"思政辅导员走进党史国史教育基地，开展"党史润童心"系列讲座，录制"行走中的思政课"，并将宣讲课程上传至市关工委融媒体平台，便于青少年利用碎片化时间观看学习。每年有 4 万余人次青少年线上参观网络地图、线下走进红色场馆，争当爱党爱国爱社会主义的"小小讲解员"。

二

"五老"助力"大思政"工作实践的进一步优化提升

在调研过程中，我们坚持问题导向，紧扣实践痛点，着力查找当前工作中存在的堵点、难点与淤点，发现以下制约工作效能进一步提升的问题。

（一）单兵作战水平差异依然存在

"五老""大思政课"多由讲师团成员独立创作宣讲，通过开展经验交流、集体备课、示范宣讲等，讲师团成员的宣讲水平和宣讲质量得到提高，但由于个体能力与宣讲经验差异，课程质量参差不齐，制约了整体宣讲效果的提升。

（二）新媒体技术运用仍有瓶颈

各级"五老"讲师团成员年龄结构老化问题依旧存在，尽管通过培训，讲师团成员的新媒体认知水平和运用能力普遍得到提升，但仍存在部分成员知识结构陈旧、教育手段单一等情况，在运用新媒体技术开展教学时，仍需专业人员协助，宣讲质效受到影响。

（三）精准供给能力有待提升

随着社会快速发展，新时代青少年思想行为与心理需求日益多元，"五老"群体虽已加强对青少年群体的关注，但因部分讲师团成员仍缺乏对青少年思想特点、行为模式及心理变化的深度认知，未能精准把握其成长规律，宣讲的针对性与时效性仍需增强。

（四）校社互动渠道尚需拓宽

尽管已与教育部门搭建沟通协调机制，"五老"讲师团进校园的渠道初步打通，但因成员来源广泛，与学校缺乏常态化联系机制，自主入校难度依然较大。部分宣讲内容与学校教学需求、学生认知实际存在脱节现象，在获得学生喜爱与学校认可方面仍有提升空间。

三

进一步推动"五老"助力"大思政"工作高质量发展的求新探索

习近平总书记对学校思政课建设作出重要指示指出："新时代新征程上，思政课建设面临新形势新任务，必须有新气象新作为。"[①] 为进一步贯彻落实习近平总书记重要指示精神，推动"五老"助力"大思政"工作高质量发展，近年来，我们积极探索"五老"助力"大思政"工作的新思路新举措新机制，在丰富善用之道、踩实精品之路上下功夫、做文章，取得了一定成效。

（一）汇聚"五老"专业资源，拓展"五老""大思政课"质量提升通道

每年结合青少年实际，制定宣讲课题指引，组织讲师团成员选题备课，开展集体备课、分组试讲和课程过审，凝聚集体智慧，海纳百川信息，不断完善宣讲提纲，优化课程课件，为走近青少年开展宣讲奠定坚实的基础。组织专家团队进行评课，对宣讲课程予以把关定向、具体指导、再度创作，让"五老"讲师团宣讲课程在宣讲主题、主要内容、授课形式等方面焕发出新的活力。多种形式抓好讲师团培训，采取召开"五老"助力"大思政"工作培训会、推进会、交流会等形式，组织"五老"讲师团优秀代表交流宣讲经验，分享工作心得，观看精品微课、实景教学集锦，共同提高宣讲水平。

（二）汇聚新媒体技术资源，打造一流的"五老""大思政课"精品课程

2016 年 12 月 7 日，习近平总书记在全国高校思想政治工作会议上强调，要运用新媒体新技术使工作活起来，推动思想政治工作传统优势同信息技术高度融合，增强时代感和吸引力。创新启动"大思政课"精品课程制作计划，组织专业团队为"五老"录制精品课程，构建以 30 分钟的大课为主、2 分钟的微课为辅的精品课程体系。抓好传播学原理和新媒体技术运用，抓住"五老""大思政课"录制、推送、播放等关键环节，进一步提升课程宣讲的实际

---

① 《开创思政课育人建设新气象新作为》，求是网，2024 年 7 月 4 日。

效果，满足孩子们多场域接收信息需求。充分发挥新媒体平台"短、平、快"优势，将"五老"宣讲课程通过关工委系统"两网一报一刊一号"矩阵输出，进一步扩大"五老""大思政课"的受众面。通过教育系统向全市中小学校下发"五老""大思政课"课程菜单和课程链接，指导学生线上点播学习，实现教育资源的集成共享。

（三）汇聚学校教师资源，打通"五老""大思政课"进校园关键环节

"五老""大思政课"进校园离不开教育部门的支持和配合。加强与市委教育工委、市教育局的共同协作，共同组织开展"五老""大思政课"进校园暨"五老"思政第一课活动，并形成常态机制，发布课程菜单、印发宣讲提纲、规范课务管理，助力推广应用，真正为"五老""大思政课"进校园打通"最后一公里"。坚持以思政教研员、思政课老师为主力，"五老"讲师团为补充的基本定位，构建"主力＋助力"的思政育人力量体系，鼓励"五老"讲师团与思政教研员和优秀青年思政教师座谈交流、研讨互动，并通过组织"五老"讲师团进校宣讲、聘请"五老"思政辅导员、开设"'五老'思政课"等措施，共同提升思政育人水平。

四
进一步提升"五老"助力"大思政"质效的工作思考

抓好"五老"助力"大思政"工作，必须聚焦立德树人根本任务，牢记"为党育人、为国育才"的初心使命，立足本职，扎实工作，积极探索"大思政"的善用之道，努力结出"善用""成用""管用"的"大思政"之果。我们将在以下几个方面继续努力。

（一）继续把牢"五老"助力"大思政"的政治方向

习近平总书记高度重视思政课建设，强调"思政课建设要向改革创新要

活力。^①习近平总书记的重要论述，为我们办好思政课，解决好培养什么人、怎样培养人、为谁培养人这个根本问题，提供了重要遵循。"五老"助力"大思政"工作要始终坚持把"旗帜鲜明讲政治"摆在第一位，积极传播主流意识形态，统筹推进课堂教学、校园浸润、家庭熏陶、社会实践，唱响"五老"学生互动、家庭社会协同、校内校外同步、线上线下融合的大合唱，构建起资源力量充裕、内生动力充盈、功能作用充分的新时代"五老"思政育人新格局、新机制、新生态。

（二）继续完善"五老"助力"大思政"的工作链条

在建立"五课并举"工作链条的基础上，以"五老""大思政课"进校园活动为抓手，落实做好课前准备、促进供需匹配、抓好授课施教、打造精品课程等工作要求，坚持以理服人、以德感人、以情动人，进一步增强"五老"思政课程的吸引力。充分依托南京丰富的"五老"资源与历史文化资源，组织"五老"讲师团成员结合自身专长与个人经历，共同开发建设品类丰富、分类清晰的思政教学案例库、素材库、教案库。将广大"五老"的个人资历、工作经历、人生阅历转化为说理能力、知识转换能力和教学实施能力。坚持还权于学校和学生，做好授课效果收集反馈工作，结合学校学生需求，每年推出一批导向鲜明、思想深刻、内容丰富、形式活泼、学生喜爱的"五老"精品思政课程，让"五老"思政教育取得润物无声的效果。

（三）继续拓展"五老"助力"大思政"的工作矩阵

做好"五老"助力"大思政"工作，离不开各级关工委、教育部门、"五老"讲师团和学校的多方协调。各级关工委要加强与教育部门的协同，指导中小学校将"五老"讲师团宣讲课程列入思政课教学计划，定期了解掌握"五老"讲师团进校园开展活动情况，及时收集解决宣讲中遇到的困难。结合工作实际，推荐思政宣讲成效突出的"五老"讲师团成员参加最美"五老"

---

① 习近平：《思政课是落实立德树人根本任务的关键课程》，《求是》2020 年第 17 期。

等评选，提升"五老"参与思政宣讲的内在动力。适时组织学习培训、观摩交流等活动，组织评选精品课程，继续为"五老"开展宣讲提供必要的技术支持和工作保障。协调督促各级教育部门和学校为"五老"开展思政宣讲提供便利，做好学生的组织管理、教学设施保障等工作。

（四）继续探索"五老"助力"大思政"的"善用之道"

在完善管理链条、拓建工作矩阵的基础上，进一步加强总结思考和探索实践，不断丰富善用之道、踩实精品之路，打造更多的"大思政"精品活动，培育过硬的工作品牌。认真总结多年来加强青少年思想政治教育工作的经验做法，继续组织开展好"老少同声颂党恩　携手奋进新征程"、"中华魂"暨"青少年党史学习月"等主题教育实践活动，引导广大青少年厚植爱党、爱国、爱人民、爱社会主义的情感。以"五老"助力"大思政"为牵引，助力"校家社"协同育人，把思政小课堂和社会大课堂结合起来，引导青少年更好地了解国情民情，坚定理想信念。大力宣传道德模范、英模工匠、新时代好少年等先进事迹，激励广大青少年见贤思齐、向上向善，努力开创新时代"五老"助力"大思政"工作的新局面。

弘扬"厦门精神"

——用新时代党的创新理论教育引导青少年的探索与实践

福建省厦门市关心下一代工作委员会 ——————————

　　党的十八大以来,厦门市关工委坚持把抓好立德树人作为关工委工作的使命之要,充分发挥厦门作为习近平新时代中国特色社会主义思想重要孕育地和先行实践地的特殊优势,向青少年传承弘扬习近平在厦门工作期间开创的重要理念和重大实践,特别注重讲好习近平总书记总结的"厦门精神",深化传承红色基因工程实施。

一

弘扬"厦门精神"的主要做法

　　(一)习近平总书记对厦门的殷殷嘱托

　　厦门是习近平在南方工作的第一站,1985 年 6 月至 1988 年 6 月,习近平同志先后任厦门市委常委、副市长、常务副市长,在厦门经济特区初创时期工作了三年整,进行了一系列的改革实践和探索,为厦门的经济社会发展奠定了坚实基础。他主持编制的《1985 年—2000 年厦门经济社会发展战略》为厦门描绘了一幅宏伟蓝图；他主导实施"筼筜湖综合治理"，成为习近平生态文明思想的重要发端；他留下的"远亲不如近邻"理念，引领了厦门基层治理的新风尚。回顾厦门改革发展的历程，每逢重要发展阶段和关键节点，习近平总书记都会为厦门的发展建设把脉定向、掌舵领航。2024 年 10 月，习近平总书记在福建、厦门考察时，强调要继承优良传统、赓续红色血脉，激励厦门在全面深化改革、推动高质量发展中奋勇争先。

（二）习近平总书记总结的"厦门精神"

2006 年，正值厦门经济特区建设 25 周年，厦门日报社和厦门电视台记者专程到浙江采访时任浙江省委书记的习近平时，他指出厦门人民创造了嘉庚精神、海堤精神、马塘精神等，这些精神共同构成了"厦门精神"。"厦门精神"是习近平总书记对厦门人民在改革开放和现代化建设中展现出的精神风貌的高度概括，包含了艰苦奋斗、拼搏创新、团结协作、无私奉献等内涵。近年来，厦门市关工委积极组织"五老"深入基层，广泛收集整理"厦门精神"故事，这些素材经过细致筛选、归纳、整理后，成为厦门市青少年思想教育的重要组成内容。

（三）传承弘扬嘉庚精神

2014 年，在陈嘉庚先生诞辰 140 周年之际，习近平总书记给厦门市集美校友总会回信指出，陈嘉庚先生是华侨旗帜、民族光辉。他艰苦创业、自强不息的精神，以国家为重、以民族为重的品格，关心祖国建设、倾心教育事业的诚心，永远值得学习。近年来，厦门市关工委积极宣传贯彻习近平总书记给厦门市集美校友总会回信精神，将每年 10 月定为"嘉庚精神"宣传月，向青少年深入解读嘉庚精神"忠公、诚毅、勤俭、创新"的新时代内涵，通过举办学习讲座、参观教育基地、观看教育纪录片、阅读红色经典书籍等形式开展了 3000 余场传承弘扬嘉庚精神活动，参加青少年达 50 余万人次，涌现出了一批以林忠阳为代表的先进"五老"宣讲者。

（四）传承弘扬海堤精神

20世纪50年代，厦门人民仅用两年时间建成高集、集杏两条海堤，海堤建设者们展现出的"移山填海、科学创新、团结奉献、自强不息"精神被称为"海堤精神"。近年来，厦门市关工委将海堤精神纳入学校思想政治课程体系，以课堂讲授、案例分析、历史故事等方式，让学生了解海堤建设的历史背景、过程、成就及意义；通过组织学生参观海堤纪念馆、海堤遗址等红色教育基地，以实地考察、现场讲解、互动体验等方式，让学生身临其境感受海堤建设者的艰辛付出和无私奉献。

（五）传承弘扬马塘精神

习近平曾四进马塘指导工作，马塘村实现了从贫困落后到富裕强大的蜕变，马塘精神展现了发展历程中村民们艰苦奋斗、拼搏创新的风貌。近年来，厦门市关工委结合"村企共建"特色机制，开展主题巡回演讲，推动青年创新创业、反哺家乡。马塘精神宣讲"五老"队伍深入村（居）讲述习近平总书记的马塘足迹故事。联合银鹭企业开展活动，组织青少年到"马塘精神"主题馆实地参观学习，"沉浸式"重走习近平四进马塘之路。

二

弘扬"厦门精神"的阶段性成效

（一）挖潜"五老"力量，重视宣讲报告

全市113个"五老"报告团、650名成员将宣讲内容与自身经历、特长紧密结合，紧紧围绕"厦门精神"，走进学校、社区、企业、军营、夏（冬）令营开展宣讲，采取问卷调查摸清需求，组建"菜单"模式动态题材库，供青少年按需"点单"。报告团林振其被评为全国关心下一代最美"五老"，陈丁权等老师荣获"福建省关工委百佳'五老'故事员"称号。

（二）深入校园一线，巩固教育阵地

每年以读书、征文、书法、演讲、朗诵、唱红歌等符合青少年特点的活动载体，扎实开展"厦门精神"主题教育，积极引导青少年广泛阅读红色经典书籍，开展红色研学实践系列活动。在校内长期开展"童心向党，共筑中国梦"赠书活动，组织"五老"进校园赠送"厦门精神"相关教育书籍，已累计走进 70 多所学校，覆盖学生 19 万人次。湖里区教育系统关工委连续十届被教育部关工委评为"全国先进集体"。

（三）构建"关爱联盟"，打造教育基地

创立"厦门关爱联盟"，构建"党政引领、部门协作、社会共融、关工委推进"的关爱教育体系，联盟成员近百个，其中包括 40 余个教育基地，以"嘉庚纪念馆""海堤纪念馆"等"厦门精神"展馆为代表的基地为青少年提供了从学校"小课堂"迈向社会"大课堂"的实践平台，大大丰富了青少年思想教育内容。自联盟成立以来，已服务青少年 100 多万人次。其中，3 个基地被中国关工委授予"全国关心下一代党史国史教育基地"称号，9 个基地被省关工委授予"全省关心下一代传承红色基因教育基地"称号。

（四）强化党史学习教育，厚植红色根基

连续 5 年培植"青少年党史学习月"平台，创建"青春心向党，百年学村行"学习嘉庚精神夏令营活动品牌，掀起"厦门精神"学习热潮。活动在嘉庚精神发源地集美中学举办，从全市各级各类学校选拔优秀学生代表参加。活动组织学生参观嘉庚纪念馆、集美鳌园等，邀请"五老"讲述《陈嘉庚与共产党》等红色故事，让学生以手抄报绘制、短视频制作、节目汇演等形式展现学习成果。近 5 年，通过深入挖掘"厦门精神"等本地红色资源，不断增强"党史学习月"活动实效，累计开展活动 2.53 万场，参与青少年 316 万人次。

（五）注重艺术展现，奏响红色旋律

创办"全市青少年儿童歌手赛"并成功开展四届。赛事以音乐为媒介，歌颂"厦门精神"，激发青少年爱党爱国情感。近年来，赛事规模逐年扩大，2024 年参赛选手达到 2580 名，颁奖晚会直播观看人数达 70 万人次，成为传播新时代党的创新理论主旋律及展示青少年风采的重要舞台。

三
弘扬"厦门精神"的未来规划与展望

调研发现，关工委工作中还存在教育不够普及、内容单一等问题。为进一步做好青少年"厦门精神"红色教育，我们认为要重点做好以下几方面工作。

（一）强化理论武装，筑牢思想根基

深入贯彻落实习近平总书记关于关心下一代工作的重要指示批示精神，利用互联网、新媒体等现代传播手段，创新宣传方式，使新时代党的创新理论更加贴近青少年，深入人心，将学习弘扬"厦门精神"纳入全市宣传思想文化工作体系及大中小学思政课一体化建设项目，制定详细的工作方案，明确责任分工，加强部门间的协同合作，共同推动青少年思想教育迈向新高度。

（二）丰富教育形式，提升活动质效

充分利用厦门红色资源优势，不断提升弘扬"厦门精神"红色教育的创新性与实效性。精心打造研学路线，串联起"厦门精神"各个学习阵地，让青少年在研学活动中感悟"厦门精神"。将"厦门精神"教育与"青少年党史学习月"暨"中华魂"读书活动等主题实践活动相结合，融入社会主义核心价值观与中华优秀传统文化教育内容，增强青少年对习近平新时代中国特色社会主义思想的认同感和归属感。

（三）加强实践锻炼，促进教育普及

精心策划以弘扬"厦门精神"为主题的志愿服务、社会调研、演出竞赛等实践活动，引导青少年在深入社会、了解国情、关注民生中学习"厦门精神"。依托"中华五育馆—厦门关心下一代之家"等实体平台，打造"厦门精神"主题教育馆，融合声光电等现代化高科技手段，为青少年开辟全方位、互动式的学习实践新天地。利用关爱下一代慈善基金等资源，加大对偏远及农村学校的扶持力度，确保每位青少年都能享受到优质红色教育资源。

用新时代党的创新理论教育引导青少年是一项长期而艰巨的任务。展望未来，我们将始终牢记嘱托，充分发挥"五老"优势作用，进一步挖掘弘扬"厦门精神"，推动关心下一代工作高质量发展。

关于建立笃行习近平文化思想长效机制的思考

广东省关心下一代工作委员会 ————————————

    党的十八大以来，以习近平同志为核心的党中央高度重视运用文化引领前进方向、凝聚奋斗力量。2024 年 3 月，中国关工委主任顾秀莲在广东全省关工委工作会议上以"深学细悟笃行习近平文化思想 开创关工委宣传思想文化工作新局面"为题作报告，要求各级关工委在学深悟透习近平文化思想的重大意义中坚定文化自信，在准确把握习近平文化思想的丰富内涵中增强行动自觉，在勇担职责使命的实践要求中展现新作为。习近平文化思想是一个不断展开的、开放式的思想体系，必将随着实践深入而不断丰富发展。笃行习近平文化思想，从根本上说就必须建立长效机制。本文就探索构建"关工委文化引领'135'行动计划"提出：突出一个主题、企及三个目的、实施五大行动。

一

突出一个主题

    关工委开展文化引领，必须坚持以笃行习近平文化思想为主题，致力于凝聚青春力量，为推进强国建设、民族复兴伟业作贡献。当代青少年的主流是好的，价值观念、人生态度、道德素养、行为表现都呈现积极向上的特征。但当前青少年成长的社会环境日趋复杂，特别是国际国内形势发生深刻变化，各种思想交流交融交锋更加频繁，社会文化越来越多元多样多变，互联网等新兴媒体迅速发展，对青少年产生越来越大的影响，对青少年健康成长也提出了新的挑战。面对这种情况，关工委必须紧紧围绕立德树人的根本任务，在青少年中深入持久开展习近平文化思想宣传教育，引导青少年坚定理想信念、培育高尚品格、增强文化自信，努力成为堪当民族复兴大任的时代新人。

二

企及三个目的

按照设计理念，"关工委文化引领'135'行动计划"是一项复合型工程，需要关工委、"五老"、青少年三个方面统筹推进，希望达到三个目的。一是提高青少年的成长力，二是提高"五老"的执行力，三是提高关工委的领导力。首先，通过开展文化引领，让习近平文化思想抵达青少年心灵，使青少年增强文化自信，为担负起新的文化使命贡献力量。其次，通过开展文化引领，促进"五老"加强思想武装和知识储备，增强对青少年进行文化引领的执行力，避免出现"以其昏昏，使人昭昭"的尴尬局面。最后，通过开展文化引领，促进关工委履行组织者职能，提高领导力，压实责任，统筹协调各环节，推动文化引领工作行稳致远。

三

实施五大行动

根据需要和可能，按照读书、实践、用网、研学、交流等行为逻辑，实施可看见、能统计、有效果的行动。

（一）实施读书行动

把组织青少年阅读习近平文化思想相关著作作为一项长期的铸魂任务来抓。要完善阅读阵地，丰富阅读资料，创造良好的阅读环境。要开展常态化导读活动，引导青少年围绕笃行习近平文化思想读原著、学原文、悟原理。要组织在线读书征文、读书分享会、网络文化节等活动，不断增强读书的趣味性、吸引力，持续扩大青少年"读书群"。

（二）实施文化实践行动

重点围绕发展社会主义先进文化、弘扬革命文化、传承中华优秀传统文化，组织青少年进行感悟体验。发展社会主义先进文化，关键在于用社会主义核心价值观引领社会思潮。开展社会主义先进文化实践活动，要借助文化的渗透力和感染力，让青少年置身于践行社会主义核心价值观的沉浸式体验，提升精神境界。弘扬革命文化，关键在于传承红色基因。开展革命文化实践活动，让青少年通过瞻仰革命遗址、聆听革命故事、观看情景剧演出等，了解中国革命的历史背景，体会革命前辈的崇高精神，传承共产党人的红色基因，增强爱党爱国情怀。传承中华优秀传统文化，关键在于维系中华民族始终向前发展的内生力量。开展中华优秀传统文化实践活动，重在完善体验场馆、设计体验情景、丰富体验内容。比如，创设"感恩与孝道"自助饭堂，引导青少年实操"我为父母做顿饭"的情感体验，弘扬传统美德。创设文化走廊，引导青少年接受"琴棋书画诗酒茶"等美育体验，陶冶思想情操。

（三）实施网络文化和网络文明培育行动

培育网络文化、网络文明，是建设文化强国、网络强国的必然要求。要坚持以习近平文化思想和习近平总书记关于网络强国的重要思想为指引，开展网络文化教育、网络文明教育、网络文艺欣赏等活动。培育网络文化，要引导青少年用社会主义核心价值观净化心灵。培育网络文明，要帮助青少年提升网络素养、增强网络安全意识、遵守网络道德规范。让青少年懂得利用网络资源提升自我，懂得利用网络技术保护自己，懂得利用网络规范提高道德修养水平，做到依法上网、文明上网，自觉抵制网络低俗之风。在网络文艺欣赏方面，组织青少年观看网络纪录片如《乡村教师》和网络综艺节目如《声生不息》等，让青少年在网络空间里唱响主旋律、弘扬正能量。

（四）实施红色文旅研学行动

开展红色文旅研学，不是简单旅游，而是重在研学，旨在组织青少年重走红色道路、了解红色历史、体验红色文化魅力，通过集体生活历练，拓展认知思维，培养实践能力。关工委实施红色文旅研学行动，要以传承中国共产党人的精神谱系为主线，利用阵地资源优势，制定研学规划并组织实施。按照创设情境、提出问题、寻找答案的思路，做好课程开发、路线选择、教育引导等工作。同时，要加强导师能力建设，着重提高导师用教育逻辑联系研学环节的能力，确保有效引导青少年在研学中有更强的获得感。

（五）实施文化交流行动

采取"走出去""请进来"的方式，广泛开展境内外青少年文化交流活动。加强"内地与港澳""大陆与台湾"青少年的文化交流，通过组织开展参访学习、国情考察、寻根问祖等活动，努力增强港澳台青少年的国家认同、民族认同和文化认同。积极开展国际青少年文化交流，通过丰富交流载体、拓展交流领域，讲好中国故事，推动不同文化交流互鉴。

发挥关工委优势
铸牢青少年中华民族共同体意识的实践与思考

广西壮族自治区关心下一代工作委员会 ————————————

习近平总书记在广西考察时强调，广西要把铸牢中华民族共同体意识作为自治区各项工作的主线，作为推进民族团结进步创建工作的根本方向，巩固发展各族人民团结奋斗的良好局面。继续在民族团结进步上走在全国前列。① 广西壮族自治区关工委深入学习贯彻习近平总书记关于加强和改进民族工作的重要思想，充分发挥自身优势，聚焦"下一代"工作对象，有形有感有效地开展铸牢青少年中华民族共同体意识工作，取得了自治区党委认可、广大青少年认同的良好成效。2023 年自治区关工委办公室被自治区党委、政府授予"广西壮族自治区民族团结进步模范集体"称号。

一

关工委具有铸牢中华民族共同体意识教育工作的独特优势

2015 年 8 月 25 日，在纪念中国关心下一代工作委员会成立 25 周年暨

---

① 《习近平在广西考察时强调：解放思想创新求变向海图强开放发展　奋力谱写中国式现代化广西篇章》，《人民日报》2023 年 12 月 15 日。

全国关心下一代工作表彰大会上习近平总书记指出，做好关心下一代工作，关系中华民族伟大复兴。青少年是国家和民族的未来和希望，铸牢青少年中华民族共同体意识，有利于促进青少年的全面发展、社会的和谐稳定与国家的团结统一。关工委是党和政府联系青少年的桥梁和纽带，扮演着至关重要的角色。

关工委在组织阵地上具有独特优势。作为党委领导下的群众性工作组织，关工委扎根于学校、街道、社区、乡村、企业等基层单位，拥有广泛的组织网络和坚实的阵地基础，覆盖范围广、联系青少年紧密，能够直接深入青少年学习和生活的各个场景，依托学校课堂、社区活动中心、乡村文化广场等阵地，将中华民族共同体意识教育内容传递给青少年，形成全方位、多层次的教育格局。

关工委在人员队伍上具有独特优势。关工委拥有"五老"队伍这一宝贵资源。"五老"人员政治素质高、社会威望高、人生阅历丰富，对广西各族人民从交往交流到交融、共创伟大中华文明的历史进程有着深刻体会和了解。他们是历史进步的见证者和参与者，更是中华民族共同体意识的坚定践行者。通过"五老"的言传身教，青少年能直观感受中华民族团结奋斗的历程和精神力量，增强对中华民族共同体的认同感和归属感。

关工委在实践经验上具有独特优势。关工委成立 35 年来，在青少年教育工作中积累了丰富的实践经验，尤其是在思想政治教育、品德培养和文化传承方面形成了成熟的工作模式和方法，能够通过日常教育与中华民族共同体意识教育高度相融的形式，促进中华民族共同体意识润物无声地融入青少年思想意识当中，不断铸牢中华民族共同体意识。

二

找准方向，全方位多角度推进铸牢中华民族共同体意识教育

铸牢中华民族共同体意识教育是一项关乎中华民族伟大复兴全局的系统性工程，需要结合当地民族构成、民族发展的实际，深刻把握不同学段、不

同领域、不同行业"下一代"知识结构和思想意识发展特点，规划不同的教育内容和教育路径。

牢牢把握中华民族共同体意识教育的根本遵循。习近平总书记关于加强和改进民族工作的重要思想，是开展中华民族共同体意识教育的根本遵循。我们利用壮族"三月三"、民族团结进步宣传月等节点，组织"五老"报告团、宣讲团深入青少年群体，开展"铸牢中华民族共同体意识"宣讲活动。通过讲述中国共产党带领全国各族人民取得的历史性成就，以及广西各族人民团结奋斗的生动事例，展示中华民族的共同性、强化一体性、弘扬融合性。同时，我们大力弘扬黄大年、黄文秀等先进模范精神，挖掘全国关心下一代最美"五老"邓成、黄永腾等民族团结进步模范事迹，启发青少年深刻理解中华民族共同体意识的核心内涵，坚定听党话、感党恩、跟党走的信念，自觉为实现中华民族伟大复兴的中国梦而努力奋斗。

持续强化和引导青少年增进"五个认同"。2014 年 9 月 28 日，习近平总书记在中央民族工作会议上强调，文化认同是最深层次的认同，是民族团结之根、民族和睦之魂。帮助青少年树立正确的国家观、历史观、民族观、文化观、宗教观，是增强其文化自信和民族自豪感的重要途径。壮族"三月三"期间，我们通过"老少对话"传承活动，以壮族歌舞展演、特色美食制作、非遗技艺传习等形式，开启青少年中华文化传承之旅；利用广西民族博物馆、崇左壮族博物馆等基地，组织青少年开展非物质文化遗产参观研学；依托校外学习站、"五老"工作室等阵地，开设民族舞蹈、刺绣、山歌等公益培训班，激发青少年学习和传承中华优秀传统文化的热情。部分大中小学校通过设计校史馆、"民俗民风"文化墙，将中华民族共同体意识融入校园文化建设。这些民族团结教育活动，有效引导青少年将思想认识转化为实际行动，不断增进对伟大祖国、中华民族、中华文化、中国共产党、中国特色社会主义的高度认同。

以多民族青少年广泛交往交流交融厚植"中华民族一家亲"的思想共识。中华民族在各民族交往交流交融中铸就，中华民族伟大复兴也将在各民族交往交流交融中实现。交往交流交融是增进民族团结、铸牢中华民族共同体意识、推进中华民族共同体建设的必由之路。多年来，我们不断深化与西藏、新疆两地的少先队主题队日活动，为三地青少年搭建互动平台，推动不同地区、不同民族青少年的交流互动；深化广西青少年与粤港澳大湾区青少年的学习交流，开展人文风俗体验、历史文化交流等研学活动，增进青少年之间的友情。我们大力推进在易地扶贫搬迁安置点建设关心下一代工作站，组织青少年观看《民族团结一家亲》电影、举办社区文艺演出等活动，帮助搬迁青少年更快适应新环境、融入新群体。开展爱心送进敬老院、福利院等活动，组织青少年参与志愿服务，在社会实践中深化民族团结情感。此外，持续组织青少年参与石榴籽一家亲、老少共画同心圆、手拉手结对子、民族团结主题夏令营等融情交流活动，助力"中华民族一家亲"思想共识的形成。

将铸牢中华民族共同体意识融入关工委整体工作。在2021年8月27~28日召开的民族工作会议上，习近平总书记强调，铸牢中华民族共同体意识是新时代党的民族工作的"纲"，所有工作要向此聚焦。作为民族地区的关工委，将铸牢青少年中华民族共同体意识教育科学地融入各项工作，形成全方位、多层次的教育体系，是确保教育长效性和可持续性的重要措施。近年来，我们在青少年思想道德建设中，以"老少同声颂党恩 携手奋进新征程"系列活动为载体，将民族团结教育作为重要内容；在传承红色基因工作中，结合"老、少、边"区域特点，开展"四史"及中华民族发展史宣传活动，坚定青少年对中华民族伟大复兴的信心；以"老少牵手、情暖童心"活动为载体，对少数民族青少年给予特殊关怀；在青少年普法教育中，以"关爱明天、普法先行"活动为抓手，开展红领巾千里边境禁毒行、模拟法庭等活动，增强各族青少年法治意识，夯实共同体意识的法治基础。

三

持续深化铸牢中华民族共同体意识教育的思考

铸牢中华民族共同体意识示范区建设，是习近平总书记和党中央赋予广西新的历史任务。关工委必须深入学习党的民族工作创新理论，提升"五老"

宣讲队伍的理论水平，挖掘各民族共创中华文明的生动案例，创新有质有感有温度的教育形式，助力广西铸牢中华民族共同体意识示范区建设。

加强对习近平总书记关于加强和改进民族工作的重要思想的学习领悟。习近平总书记关于加强和改进民族工作的重要思想，是党的民族工作理论和实践的智慧结晶，为新时代党的民族工作提供了根本遵循。要采取工作会议阐释、专题座谈讨论、邀请专家授课解读、小组学习交流分享等形式，学深悟透新时代民族工作"十二个必须"。要发挥关工委老干部、老专家、老教授的理论优势，结合广西实际，开展党的民族工作创新理论研究和民族地区青少年实际情况专题研究，找准铸牢中华民族共同体意识教育的关键点和着力点，为铸牢中华民族共同体意识提供理论支撑和实践指导。

加强"五老"宣讲队伍的理论水平提升。习近平总书记关于加强和改进民族工作的重要思想，是党的民族工作实践的最新总结，是马克思主义民族理论中国化时代化的最新成果，是凝聚各民族为全面建设社会主义现代化国家共同奋斗的思想基础。我们要通过理论培训，帮助关工委"五老"宣讲队伍学深悟透习近平总书记关于加强和改进民族工作的重要思想，准确把握新时代民族工作的重大发展、战略目标和政策举措，组织引导他们在铸牢中华民族共同体意识教育中发挥积极作用。

深入挖掘各民族共创伟大中华文明的生动案例。广西是全国五个民族自治区之一，少数民族人口数居全国第一，各族人民亲如一家，民族关系十分融洽，是全国民族团结进步示范区。中华民族共同体意识在广西有着深厚的历史根基。当前，广西各族儿女正奋力建设铸牢中华民族共同体意识示范区，我们要发挥关工委各成员单位的组织优势和职能作用，组织"五老"深入民族地区开展调查研究，利用互联网等现代技术手段，挖掘广西各民族共同奋斗、相互交融、团结进步的典型人物和重大历史事件，对生动鲜活的历史史实作出时代阐述，为铸牢中华民族共同体意识教育提供更多富有感染力的地方素材。

铸牢青少年中华民族共同体意识是一项长期任务。关工委必须不断总结经验、创新方法，适应新要求和新挑战，组织青少年广泛开展中华民族共同体意识教育，助力建设牢固且富有创造力的中华民族共同体。

以琼崖精神引导青少年汲取奋进自贸港的力量

海南省关心下一代工作委员会
琼台师范学院关心下一代工作委员会

2018 年 4 月 13 日，习近平总书记出席庆祝海南建省办经济特区 30 周年大会并发表重要讲话。在海南全岛建设自由贸易试验区和探索建设中国特色自由贸易港是习近平总书记亲自谋划、亲自部署、亲自推动的重大国家战略。海南省委、省政府牢记习近平总书记殷切嘱托，团结带领全省上下埋头苦干，踔厉步稳推动海南自由贸易港建设成形起势，进入封关运作的关键时期。近年来，海南关工委把关心海南下一代健康成长放在海南自贸港建设后继有人的高度抓实抓好，持续发挥好"五老"在政治、情感、威望、经历等方面的独特优势，教育引导海南青少年从琼崖精神中汲取奋进自贸港的思想定力、人格伟力、奋斗动力，为海南自贸港的长远发展夯基垒台。

一

从琼崖精神中汲取思想定力，激发奋进自贸港的青春动能

注重思想引领。指导思想是一个政党的精神旗帜，革命年代在外无援助、

059

内无基础的艰难条件下，琼崖共产党人坚持用马克思主义的立场、观点和方法指导革命实践，在诸多革命的紧要关头起到了关键性作用。海南自贸港建设要始终把稳"中国特色"这个定性，就要以习近平新时代中国特色社会主义思想为指引，坚定不移地按照党中央谋划好的道路扎实推进。广大青少年作为海南自贸港建设的生力军，其思想站位关系到海南自贸港的长远发展。为此，海南各级关工委持续以习近平新时代中国特色社会主义思想铸魂育人，积极动员"五老"走进学校和课堂，联动各大中小学校推选"五老"担任思政课兼职教师，通过座谈会、报告会、知识竞赛、琼剧、调声等特色形式开展教育引导，与思政课教师协同开发系列精品课程，让党的创新理论在青少年心中牢牢扎根。

坚定理想信念。在革命年代，琼崖由于远离中央，琼崖党组织将近十年时间未与党中央取得直接联系。在异常严峻的斗争环境中，琼崖共产党人和军民在坚定的政治信仰下锻造出百折不挠和英勇奋斗的强大意志，成为革命胜利的力量源泉。他们为了心中的信仰投身革命，展现了琼崖青少年赤诚奉献、矢志不渝的精神品格，更是新时代海南青少年的"补钙剂"。海南自贸港对标世界最高水平开放形态，广大青少年面临的思想更加多元、挑战更加多样，若在理想信念上半信半疑、摇摆不定就容易在行动上踌躇不前、在考验前退缩躲闪。为此，海南省各级关工委切实发挥好"五老"宣讲团、"琼崖革命后代宣讲团"等组织作用，广泛开展爱国主义教育、红色文化等主题宣讲，年均场次达 1000 余场，受教育学生近 30 万人次。策划推出涵盖"琼崖第一枪""红色娘子军"等琼崖红色爱国主义资料，组织拍摄"红色娘子军纪念园"等关心下一代党史国史教育基地专题宣传片等，努力把琼崖红色故事讲具体、讲生动，帮助广大青少年坚定理想信念，擦亮精神底色。

坚持实事求是。琼崖党组织对实事求是思想路线的深入理解和深刻践行成为琼崖革命胜利的成功基点，是琼崖共产党人实事求是的生动写照。海南自由贸易港不同于其他自由贸易港，是符合中国实际、富有中国特色的自由贸易港，特别是在百年未有之大变局的背景下，既要清醒看到海南发展的存量，又要深刻洞察世界发展的变量，将实事求是作为重要思想武器。为此，要引导广大青少年以实事求是作为立身之本，把诚实、务实、笃实作为内在修养和品格，以理性客观的眼光看待自身发展和海南自贸港建设，脚踏实地、稳扎稳打，在接续奋斗中推动海南自贸港建设行稳致远。海南各级关工委也将实事求是思想路线贯穿于具体工作中，既讲好琼崖革命实事求是的鲜活故事，又以实际行动诠释实事求是的思想真谛。针对青少年认知特点，因地因时开展青少年教育引导工作，坚持致广大而尽精微，解析海南关键元素，细分目标人群，在巡回宣讲、调查研究等方面下好绣花功夫，助力立德树人取得了良好实效。

二

从琼崖精神中汲取人格伟力，锻造奋进自贸港的青春锐气

勇担使命责任。在革命年代远离中央、远离主力、极少外援的情况下，琼崖党组织时常陷入独斗苦战的境地，琼崖共产党人肩负起千头万绪、千难万险的革命任务，无论条件如何险恶、形势如何复杂，琼崖的红旗始终不倒，琼崖共产党人的革命斗志从未动摇，彰显了琼崖共产党人自觉担当和善谋善战的优秀品格。海南自贸港建设没有先例可循，培养锻造一批专业高超、本领过硬的担当者成为关键要素。在自贸港建设蓬勃兴起的今天，海南广大青少年既要有担当的宽肩膀，还要有成事的硬本领，努力学习科学文化知识，练就自贸港建设所需的技术本领，尽快成长为海南自贸港建设的中坚力量。为护航青少年健康成长，海南广大"五老"退而不休，主动担当、竭诚奉献，涌现出义务讲解红色故事 20 余年的老干部王学广、荣获"中国好人"称号的老教师云凰、义务宣讲 700 余场的老教师谭爱平等一大批不计得失、勇担使命的先进典型。海南各级关工委也通过"长者课堂""红色场馆义务讲解"等平台载体，让有担当的人讲担当，以实际行动引领带动青少年保持永不懈怠的精神状态和奋斗姿态。

保持乐观精神。琼崖革命一次次在挫折中奋起，离不开琼崖共产党人对革命前途的乐观精神。1932 年，在第二次反"围剿"失败后，冯白驹带领

琼崖党政机关干部和红军战士仅剩的 26 人在母瑞山开展了 8 个多月的艰苦斗争。尽管生活困苦、革命维艰，但他们一直保持着革命的信心。也正是这种不屈不挠、艰苦奋斗的精神帮助琼崖革命度过了至暗时刻。海南自贸港建设绝非一日之功，世界上其他自贸港建设多则上百年，少则 30 余年才建成，自贸港建设"慢不得"也"急不得"，当前海南自贸港建设成形起势，但仍有关山万千重，需要一代又一代人的接续奋斗。海南青少年作为未来海南自贸港建设的主力军，既要对海南自贸港建设充满信心，又要保持定力和耐心，克服耽于安逸、"躺平"佛系的安逸思想，在早日建成海南自贸港的赛道上奋勇争先。海南各级关工委紧紧扭住这一精神内核，既注重宣讲好琼崖革命蕴含的乐观主义精神，又注重办好新时代好少年主题读书活动、新时代好少年评选等活动，力争在引导上布好局，在关键处落好子，并驾齐驱助推乐观精神植根青少年心灵。

持续艰苦奋斗。艰苦奋斗是党的政治本色，也是琼崖革命的显著特征之一。虽然今天物质条件已好于革命年代，但仍会面临享乐主义、贪图安逸等有害思想的侵蚀和考验。面对海南自贸港建设进程中可能出现的新挑战、新诱惑，广大青少年要矢志艰苦奋斗，正确认识和处理"私与公""利与义""欲与理"等重大关系，在"自找苦吃"中磨砺成长。海南各级关工委在工作中十分注重艰苦奋斗精神的浸润，结合社会大课堂，开展"游基地、学党史"、研学旅行等主题活动，组织开展重走"起义路"，争当"红志小导游""红领巾讲解员"，"寻访红色足迹"等实践活动，让青少年在切身体悟中激发爱国爱党情怀，让艰苦奋斗的品格在青少年群体中蔚然成风。

三

从琼崖精神中汲取奋斗动力，凝聚奋进自贸港的青春活力

汲取文化滋养。琼崖革命中所生成、发展的红色文化承载着矢志不渝的价值追求，映照着团结奋进的精神风貌，展现了具有中国风格和中国气派的文化品格。海南建设自由贸易港是世界上最高水平的开放形态，越是开放越

需要站稳文化立场。琼崖精神以琼崖红色文化为具体的文化表征，作为最贴合海南历史与现实的革命文化，无疑是在自贸港建设进程中建构中国话语和精神标识的强大文化内核。广大青少年要用琼崖红色文化滋养浩然之气，坚定文化自信和历史自信，积极转化创造灵动鲜活的文化表达，向世界展现可信、可爱、可敬的中国形象，自觉做打造中国风范亮丽名片的书写者和践行者。近年来，海南各级关工委深挖海南红色文化资源，将"青少年党史学习月"融入学校"大思政课"育人体系，会同省委宣传部等单位遴选32家省级"大思政课"实践教学基地，动员"五老"参与"大思政课"建设，授牌30余家"海南省关心下一代党史国史教育基地"，并协同各地各校开展"行走的思政课"、"场馆里的思政课"、海南解放纪念日、革命烈士纪念日等活动，将红色文化资源优势转化为思政育人效能。

保持斗争精神。琼崖革命史是一部艰苦奋斗、不惧牺牲的斗争史。与琼崖革命斗争相比，今天的伟大斗争更加具有长期性、复杂性和艰巨性。建设具有中国特色的自由贸易港是一项前无古人的开创性事业，必然会遇到风险挑战、艰难险阻。广大青少年作为持续推进这一伟大事业的担当者，要学习好、发扬好斗争精神，不断锻造自身无私的品格和无畏的勇气，在日常生活中勇克难关、勇挑重担，在应对挑战中经风雨、见世面，在艰苦磨砺中壮筋骨、长才干。海南广大"五老"曾在不同岗位为海南地方发展作出过积极贡献，有着丰富的人生经历，同时对于海南从边陲小岛到如今的开放新高地有着直观的感受，对琼崖革命的斗争智慧和艺术有着真切的认同，对于在海南自贸港建设以及个人成长中如何发挥斗争精神有着天然的育人优势和契合度，在宣讲活动中"五老"注重结合自身从业、从教、军旅等经验，成为海南"五老"宣讲的鲜明标识。

深化创新意识。在革命年代琼崖党组织孤悬海外，但在党中央的指示和毛泽东思想的指引下，灵活开展斗争工作，较早出台了土地分配办法，探索出符合实际的土地政策，制定了巡视巡察等党员干部培育方法，创造性开展革命斗争工作。海南作为改革的试验平台，先行先试是题中之义。因此，广大青少年要永葆"闯"的劲头，冲破思想观念桎梏，不迷信权威、不随波逐流，善于运用新理念、新方法，以敢于超越前人、敢于引领时代的豪迈大胆创新，争做创新创造的先锋者。近年来，海南各级关工委在红色基因传承方面增强创新意识，积极采用新方式新手段，探索设计青少年参观游览党史国史教育基地电子地图，让红色教育传送到"指尖"，创新运用"琼剧""调声""哩哩美""哥隆话"等乡土特色文艺表演形式，参编《光耀琼崖》《琼崖烽火》等一批极具影响力的文艺作品，让红色教育更富朝气、更接地气。

强化担当　主动作为
用科普之光点燃青少年科学梦想

海南省关心下一代工作委员会

习近平总书记高度重视中小学科学教育工作，强调要激发青少年好奇心、想象力、探求欲，培育具备科学家潜质、愿意献身科学研究事业的青少年群体。海南省关工委以习近平总书记重要讲话精神为指引，聚焦中办、国办《关于加强新时代关心下一代工作委员会工作的意见》中关于青少年科技素养教育要求，始终将提升青少年科学素质作为工作重点，强化责任担当，努力探索有效途径，为广大青少年插上科学梦想的翅膀，助力培养未来科技创新后备力量。

一

主动作为，积极探索青少年科普教育新途径

2020年，海南省文昌市关工委邀请在航天城工作的老科学家进校园讲授航天知识，演讲受到师生们的好评。同学们说："看到火箭从家乡腾空而起，心中对宇宙太空与科学家的敬畏之情油然而生"。省关工委意识到，请老科学家与青少年面对面交流，通过科学家的亲身讲述与生动示范，激发学生的科学思维，在他们心中播撒科学的种子，正是我们一直探索地对青少年进行科普教育的有效途径。于是，我们以省关工委的名义，主动邀请中国科学院老科学家科普演讲团到海南各市县中小学校开展科普演讲。时任中国科学院老科学家科普演讲团团长白武明给予大力支持。他说："以省级关工委名义牵头组织科普演讲的，海南是第一家。"我们精心策划了"中国科学院老科学家科普演讲海南行"活动，2021 年 12 月邀请 12 位老科学家到海南 10 个市县举行百场科普演讲，首届活动取得圆满成功。此后，我们又开展 3 次全省性科普演讲活动，四年来，中国科学院老科学家科普演讲团共派出 44 名老科学家深入 337 所中小学校开展科普演讲 377 场，受到广大师生、家长的热烈欢迎和社会各界赞誉。

二

多部门协同联动，保障科普演讲活动顺利开展

"中国科学院老科学家科普演讲海南行活动"得到顾秀莲主任的充分肯定，给予我们极大的鼓舞。中国科学院老科学家科普演讲团高度重视，白武明和周德进两任团长先后带队到海南演讲；中国科协也给予大力支持，中国科协青少年科教中心有关负责人到场指导。我们充分发挥省关工委联席会议制度优势，联合成员单位省委宣传部、省教育厅、省科协共同主办，海南广播电视总台、海南凤凰新华出版发行有限公司及公司关工委协办，召开协调会、推进会，制定方案、明确分工、压实责任，加大活动的组织协调和服务保障力度。各市县关工委积极主动谋划，牵头联合有关部门，共同做好服务保障工作。演讲活动得到所到市县党委、政府的高度重视，每到一个市县，市县党政领导都对老科学家不辞劳苦、心系下一代、无私奉献深表感谢。

三

锚定前沿科技，引导青少年追逐新时代的科学之星

青少年阶段是人生的"拔节孕穗期"，科技创新的火花一旦被点燃，就

可能在青少年中激发出无限潜能。在科技创新蓬勃发展的大趋势下，海南积极响应国家战略，大力推进"五向图强"（向种图强、向海图强、向天图强、向绿图强、向数图强），努力打造新质生产力重要实践地。海南省关工委紧扣时代脉搏，紧密结合海南自由贸易港建设急需的科学技术，聚焦"五向图强"发展理念，组织老科学家开展科普演讲，主题涵盖种业、深海、航天、生态环境保护、清洁能源、遥感科学与技术等科学领域。老科学家们结合自身丰富的工作经历和科研实践，用通俗易懂的语言和生动的案例，与青少年面对面深入交流，展示了科学的奥秘和科学家的魅力。在三亚迎宾学校，老科学家潘习哲教授运用通俗、幽默的语言为师生们演讲《航天遥感改变我们的生活》，他结合翔实的图文和视频资料揭开了航天遥感技术的神秘面纱，展现了遥感技术是如何改变着我们的生活和世界。学生们兴奋地说："老科学家的到来，使我们近距离感受到科学的魅力，激发我们探索未知和追求真理的热情。"演讲结束后，学生们纷纷围着老科学家合影留念、排队签名，呈现一幕幕青少年学生"追科技之星"的场景，学生和家长都说，这样的活动让他们感受到了科学与日常生活的紧密联系，科学不再是枯燥的课本知识，而是与生活息息相关的存在。2024 年 11 月，《中国火炬》杂志社采访调研组在三亚与同学们一起聆听演讲，对活动成效给予充分肯定。

四
大力营造氛围，努力提升社会关注度和影响力

要有效提升青少年的科学素养，就必须激发社会各方面支持科普、参与科普的积极性，促进科普公共服务能力的提高。为此，一是举行隆重的演讲活动启动仪式，营造良好社会氛围。每年的科普演讲启动仪式都安排在不同的市县举办，市县党政领导和主承办单位相关领导积极参与，也有公务员、学生代表前来聆听，扩大了社会影响力。我们精心策划、科学布局，设计具有较强传播力的 LED 背景板，现场展示科普知识资料，大造声势，为活动鸣锣开道，营造浓厚氛围。二是动员媒体广泛宣传，提高社会关注度。采取线

上线下相结合的办法，扩大科学演讲的覆盖面和影响力。省内主要媒体对活动进行全方位报道。新华网、搜狐网等多家主流媒体也给予报道关注。省关工委还通过微信公众号进行了直播和回放。截至 2024 年底，全省现场受教育中小学生达 9.99 万人，187.04 万人次观看网络直播和回放。

五

创新思路，努力探索科普与文化有机融合

坚持守正创新，扩大科普教育的受众面，增强活动的社会效果。一是从学生走向公众。2024 年的科普演讲启动仪式，我们选择在人流量大的海岛书香书店举行。启动仪式结束后，在现场举办首场科普讲座，利用电视台和新华书店两个公众号向社会公开招募青少年观众，并得到积极响应。我们还组织老科学家走进边远山区，向青年农民传播科普知识，让科技的光芒照亮黎村苗寨。二是从学校走向机关。在白沙县、琼中县，老科学家深入阐述了水资源利用与生态保护及其优化管理的科学方法，让广大青年干部进一步增强生态保护意识。三是从单纯科普走向与文化交融。"中国科学院老科学家科普演讲海南行"活动伊始，我们就与海南凤凰新华出版发行有限公司及其关工委联手，将演讲活动与该公司每年开展的"海岛书香节"联动，演讲团所到之处，也是"海岛书香节"分会场。我们向学校和城乡居民赠送主讲科学家的科普著作和有关科普读物，彰显书香海南、科普海南的魅力。从 2024 年起，我们还与该公司联合打造海岛书香"青少年科普讲堂"，定期邀请老科学家开展校外青少年科普讲座，为文化传承与科学教育的深度融合开创了新路。

下一步，我们将加大资源整合力度，争取得到更多部门的支持，推进科普演讲活动的可持续性开展；紧扣海南自贸港建设需求，优化演讲内容，进一步提高科普演讲的针对性；不断探索推动科普与文化融合、线上与线下结合，加大宣传力度，营造全民爱科学、学科学的浓厚社会氛围，推动青少年科学教育再上新的台阶。

关于加强青少年党史学习教育的路径和方法

贵州省关心下一代工作委员会

2020 年 11 月 17~18 日，纪念中国关心下一代工作委员会成立 30 周年暨全国关心下一代工作表彰大会在京召开，习近平总书记作出重要指示，强调广大"五老"是党和国家的宝贵财富，是加强青少年思想政治工作的重要力量。党史学习教育是青少年思想政治教育的重要内容。加强青少年党史学习教育，是关工委和"五老"加强青少年思想政治工作的重要途径。新时代新征程，青少年思想政治工作面临新形势新任务，对加强青少年党史学习教育提出新的更高要求。

一

深刻认识加强青少年党史学习教育的重要意义

党的历史是最生动、最有说服力的教科书。青少年只有对党的历史有着更为真切的感知，从百年党史中汲取红色力量，才能厚植好自己未来人生的发展基础，继承党的光荣传统和优良作风，做好新时代的接班人。

　　一是确保红色基因永相传的客观需要。党的十八大以来，习近平总书记高度重视红色基因的传承，多次强调要把红色资源利用好、把红色传统发扬好、把红色基因传承好。[①] 2024 年 2 月，中共中央印发《党史学习教育工作条例》，明确要求抓好青少年党史学习教育工作，强调要重视发挥老干部、老战士、老专家、老教师、老模范参与党史学习教育工作的作用。作为关心教育青少年健康成长的关工委组织，要始终心怀"国之大者"，传承红色基因落实立德树人根本任务，推动青少年党史学习教育常态化、长效化，教育引导青少年始终听党话、跟党走，为推动红色基因代代相传贡献"五老"力量。

　　二是促进青少年健康成长的迫切需要。当代青少年正处于科学技术高速进步、新媒体快速发展、社会思潮风起云涌的时代。一方面，青少年获取信息、开拓视野更为便利；另一方面，社会思想意识多元多变，青少年健康成长面临更为复杂的外部环境。加强青少年党史学习教育，引导青少年弄清楚中国共产党为什么"能"、马克思主义为什么"行"、中国特色社会主义为什么"好"等基本道理，能够帮助青少年筑牢信仰之基、补足精神之钙、把稳思想之舵，有利于青少年坚定对中国特色社会主义道路、理论、制度和文化的认同与自信，树立对马克思主义的坚定信仰、对中国特色社会主义的坚定信念、对中华民族伟大复兴中国梦的坚定信心，夯实健康成长思想根基。

　　三是发挥老同志优势作用的现实需要。马克思主义理论认为，人类历史发展不是随心所欲的，是基于代际传递而进行的。青少年如何吸取前人优秀思想精华、继承发扬前辈光荣革命传统，老同志发挥着承前启后的关键性作用。"五老"亲历我国革命、建设和改革的伟大实践，政治坚定、阅历丰富、德高望重，对我们党探索中国特色社会主义道路的来之不易有着切身感受，这是关工委和广大"五老"的特殊优势，开展青少年党史学习教育更有说服力、感染力、亲和力，更符合关工委工作特点，更有利于传递斗争精神和经验、强化青少年对党的领导与实现中华民族伟大复兴的决心和信心。

---

① 习近平:《用好红色资源，传承好红色基因，把红色江山世世代代传下去》,《求是》2021 年第 10 期。

二

准确把握加强青少年党史学习教育的时代内涵

加强青少年党史学习教育，要坚持用习近平新时代中国特色社会主义思想铸魂育人，用党的历史教育人、启迪人、感化人、鼓舞人，帮助青少年从党的历史中汲取智慧和力量。

一是加强创新理论武装。坚持学党史和悟思想相统一，向青少年宣讲阐释马克思列宁主义、毛泽东思想、邓小平理论、"三个代表"重要思想、科学发展观、习近平新时代中国特色社会主义思想，宣传党坚持把马克思主义基本原理同中国具体实际相结合、同中华优秀传统文化相结合的理论和实践，引导青少年增进对党的创新理论的政治认同、思想认同、理论认同、情感认同，从中汲取信仰力量，筑牢理想信念之基。

二是讲好党史国史故事。向青少年讲好党在新民主主义革命时期、社会主义革命和建设时期、改革开放和社会主义现代化建设新时期、中国特色社会主义新时代的历史，学习党的不懈奋斗史、不怕牺牲史、理论探索史、为民造福史、自身建设史，帮助青少年认识和把握党对中国人民、中华民族、马克思主义、人类进步事业、马克思主义政党建设作出的历史性贡献，引导青少年听党话、感党恩、跟党走。

三是弘扬伟大建党精神。向青少年讲述党史故事、革命的故事、根据地的故事、英雄和烈士的故事，把红色故事中蕴含的革命精神和时代价值讲出来，大力弘扬党的优良传统和作风，教育引导青少年从党的辉煌成就、艰辛历程、历史经验、优良传统中弘扬和传承伟大建党精神，用中国共产党人的精神谱系教育青少年，进一步增强爱党报国情怀。

三

深入分析加强青少年党史学习教育的困难问题

近年来，贵州省各级关工委始终将立德树人作为根本任务，认真贯彻党中央决策部署，将青少年党史学习教育摆在重要位置，不断丰富党史学习教育的内容形式，青少年党史学习教育取得显著成效，但也存在一些困难和问题。

一是红色资源开发利用有待加强。贵州是红色文化的圣地，红军长征在贵州活动时间最长、活动范围最广，中央红军创下了强渡乌江、激战娄山关、四渡赤水等经典战例，特别是遵义会议实现了中国革命的伟大转折。但是针对青少年阶段性认知特点而编写的党史学习教育教材不多，党史读物较少，红色资源挖掘、宣传、打造还有欠缺，依托红色资源开展青少年党史学习教育还不够充分。

二是广大"五老"能力水平有待提高。"五老"开展针对青少年的党史学习教育，需要丰厚的理论功底和对党史的掌握了解，需要结合青少年性格、行为、表达特点，才能更好地提高宣讲能力水平。部分基层"五老"在开展党史学习教育方面的能力水平还有待提高，理论储备还不够丰富，结合自身亲身经历还不够紧密。

三是党史学习教育方式方法有待丰富。从表象上看，目前的党史学习教育形式多样、内容丰富，实质上却依旧没有摆脱教师讲、学生听的单一模式。多数党史学习教育以口头宣讲方式为主，部分"五老"辅以 PPT，极少结合实地教育、情景教育、访谈教育等方式，对青少年的针对性、吸引力不强。青少年更希望将传统的宣讲形式转化为现代化、多样化、立体化的互动形式，既有传统的文化元素又有丰富的现代色彩，既有历史典故又有个人魅力，把抽象的党史知识变得更直观生动形象。

四是党史学习教育合力有待加强。青少年党史学习教育是一项系统性、综合性、持久性工程，需各部门通过多途径多形式合力推进，才能确保党史学习教育取得实效。目前，青少年党史学习教育主要是通过课堂教学来进行，由于安全等原因其他途径很少被采用或偶有用之，获取党史知识的渠道比较单一，学校、家庭、社会三者合力没有形成，影响了党史学习教育的效果。

四

不断拓展加强青少年党史学习教育的路径方法

要深入学习领会党中央关于青少年思想政治工作的部署要求，充分结合关工委特殊优势和青少年健康成长的现实需求，丰富拓展教育方式方法，不断把青少年党史学习教育引向深入。

一是建好工作队伍。广大"五老"为青少年党史学习教育提供了丰富的人才资源。要加强"五老"宣讲报告队伍建设，组织"五老"认真学习党的创新理论、学习党史国史，持续开展优秀"五老"宣讲员评选活动，适时开展示范宣讲活动，引导广大"五老"不断增强做好新时代青少年党史学习教育工作的素质和本领。

二是建设工作阵地。革命博物馆、纪念馆、党史馆、烈士陵园等是党和国家的红色基因库。要依托丰富的红色资源，坚持因地制宜，创新形式，创建党史国史教育基地、"五老"工作室等教育阵地，支持和参加爱国主义教育基地、青少年教育基地建设，用好博物馆、陈列馆、档案馆、文化馆、图书馆等活动基地，创建一批青少年党史学习教育阵地，搭建起青少年党史学习教育的工作平台。

三是丰富工作载体。结合不同地区、不同年龄青少年特点，围绕重大时间节点和重大事件，组织开展"青少年党史学习月"、"游基地、学党史"、主题宣讲、参观瞻仰、红色故事会、读书征文、诗歌朗诵、夏令营、文艺汇演、观看红色影片等广大"五老"和青少年喜闻乐见的活动，选好活动主题，老少联动互动、线上线下结合，不断推动青少年党史学习教育常态化长效化规范化。

四是创新工作形式。充分利用主流媒体和新媒体及时推介青少年党史学习教育信息，加强宣传引导。结合网上关工委建设，精心打造一批高质量、正能量、适应青少年的"五老"网宣节目。要积极争取宣传、组织等部门支持，加强与新闻媒体的密切合作，运用好网站、公众号、视频号等平台，开展党史学习教育抖音短视频制作、党史微宣讲录制等活动。要根据党史学习教育要求和青少年特点，不断挖掘身边党史学习教育的内容和题材，编印红色书籍和影视素材，为青少年党史学习教育提供本土化、独创性教材。

五是形成工作合力。加强与宣传、教育、文旅、团委、妇联、退役军人事务等部门的沟通，借助相关单位资源，相互搭台、相互补台，工作联动、资源共享，目标同向、互促共进，推动形成家校社一体推进青少年党史学习教育的良好格局，形成强大工作合力，拓展青少年党史学习教育的深度和广度。

铸牢青少年中华民族共同体意识的实践与思考

青海省关心下一代工作委员会

青海承东启西、联疆络藏、领川接甘，古丝绸之路青海道举世闻名，素有"天河锁钥""海藏咽喉"之称。青海自古以来就是保障西部稳定、维护祖国统一的战略要地。全省面积72万平方公里，平均海拔4058米，下辖8个市州，其中，民族自治州6个，民族自治县7个，民族自治乡28个。拥有藏族、回族、蒙古族、土族、撒拉族等43个少数民族，少数民族人口占全省的49.47%。青海多民族聚居、多宗教并存、多文化交融，是全国少数民族人口占比最高、民族区域自治面积最大的省份。

一

做好民族地区关心下一代工作的重大意义

青海省关工委自成立以来，始终围绕省情实际，立足"围绕中心、服务大局"工作定位，不断深化认识做好民族地区关心下一代工作的重大意义和作用，始终做到与时代同向、与省情结合、与青少年同频，勇担党委、政府赋予的重要使命和责任，教育引导青少年铸牢中华民族共同体意识、努力促进地区和谐稳定。

新时代发展的必然要求。党的十八大以来，党中央站在党和国家事业发展薪火相传、后继有人的战略高度，关心青少年成长进步，为新时代青少年工作指明前进方向。关工委作为帮助青少年健康成长的工作部门，是党和国家教育青少年的参谋助手、联系青少年的桥梁和纽带，始终坚持立德树人的根本任务，坚持用党的思想育人，用党的理想信念凝聚人，用社会主义核心价值观培育人，用中华民族伟大复兴历史使命激励人，积极培养造就大批堪当时代重任的接班人，在为党育人、为国育才上凝聚强大合力。生逢其时，重任在肩。习近平总书记多次对新时代关心下一代工作作出重要指示批示，中办、国办印发《关于加强新时代关心下一代工作委员会工作的意见》（以下简称《意见》），为关工委奋进新时代、走好新征程指明了前进方向，提供了根本遵循。党中央高度重视新时代关工委工作，为关工委工作定目标、提要求、明措施，充分证明全面推动关工委工作是新时代之需，是培养时代新人之需。

青海省情的现实需要。民族工作无小事。近年来，青海省委、省政府以铸牢中华民族共同体意识为主线，有形有感有效促进各民族广泛交往、全面交流、深度交融，明确提出创建民族团结进步示范省的工作目标。这一重大决策部署，进一步明确了民族团结进步事业在现代化新青海建设中的重要战略地位，为进一步做好关工委工作指明了方向。2023年9月，青海省委办公厅、省政府办公厅印发《关于加强新时代关心下一代工作委员会工作的若干措施》（以下简称《若干措施》），对新形势下做好包括民族地区在内的全省关工委工作提出了目标任务、明确了方法措施。2023年5月，省委书记陈刚在调研青海省委老干部局时对关工委工作提要求、明措施，进一步证明了做好关工委工作既是党委、政府赋予我们的职责，也是教育引导青海青少年铸牢中华民族共同体意识、全面推进现代化新青海的现实需要。

民族地区青少年健康成长的内在要求。当今世界科技创新日新月异，社会发展一日千里。广大民族地区青少年思想活跃，正是世界观、人生观、价值观形成的关键时期，他们担负着今后民族地区建设和发展的重任，他们的思想政治状况和精神面貌，与民族地区的未来、祖国的前途紧密相连，急需接受正确的思想政治教育，深切感受当代发展变化，积极参与青海各项发展。关工委工作以立德树人为根本任务，以培养德智体美劳全面发展的社会主义建设者和接班人为最终目标，通过教育宣讲、实践养成等多种形式，讲好民族团结故事、集聚团结力量、释放教育实践效能，教育引导广大青少年铸牢中华民族共同体意识，推动青少年坚定对伟大祖国、中华民族、中华文化、中国共产党和中国特色社会主义道路的高度认同。

民族地区发挥"五老"精神的必然。青海基层广大"五老"身处民族地区，亲身经历了青海革命、建设、改革开放等伟大历史时期，从自身、家庭、家乡乃至全省的发展变化中，深切感受到了党领导下新中国、新青海发生的翻天覆地变化，对党有着特殊的情感，对青海经济社会发展、巩固和发展青海民族团结的良好局面具有深切的期望，对教育培养新青海的建设者有着强烈的历史责任感。他们具有无可替代的政治优势、威望优势、经验优势，退而不休，发挥余热，为青少年启思、益智、怡情，积极助力青少年健康成长是他们的情感选择、使命必然和责任使然。

二

在探索实践中寻求关工委工作的新突破

近年来，青海省民族地区各级关工委以习近平新时代中国特色社会主义思想为指引，认真贯彻落实全国关工委工作会议和民族自治州关心下一代工作座谈会精神，坚持服务青少年的正确方向，不断增强组织内生动力，聚焦民族地区青少年身心发展特点，凝聚各方工作合力，积极探索教育引导各族青少年健康成长的新路径，在加强青少年思想道德建设、民族团结教育、积极参与生态文明建设等方面做了大量工作，各项工作呈现出良好的发展态势。

（一）坚持"党建带关建"，民族地区关工委组织建设不断加强

在各级党委、政府的重视支持下，全省民族地区关工委按照"党建带关建"工作要求，积极推进"四纳入、四到位、四统一"的领导体制，不断强化党的领导和关工委组织建设。

组织覆盖面不断扩大。以基层党组织、基层群众性自治组织、基层单位及其离退休工作部门为依托，进一步建立健全基层关工委组织。截至目前，全省关工委组织有 5445 个，其中乡镇关工委组织 352 个，村（社区）关工委组织 3786 个。同时，积极探索寺院关工委建设，已在海南、黄南、海北的 15 座寺院建立了关工委组织，为维护民族地区社会稳定发挥了积极作用。

党委、政府高度重视。2023 年 5 月，省委书记陈刚调研省委老干部局工作时要求各级关工委紧扣生态文明建设和民族团结进步这两大省情特点，运用大手拉小手等活动方式，充分发挥"五老"作用。《若干措施》为进一步促进全省关心下一代工作提供了遵循。民族地区各级关工委认真贯彻落实省委要求和两办文件精神，切实加强对关工委的领导，高度重视关工委工作，各级党委常委会每年至少听取一次关工委工作汇报，分管领导经常参加关工委重要会议、活动，指导工作，帮助解决重大困难和问题，为关心下一代工作营造良好的工作环境。

领导班子不断加强。各级关工委组织根据人员变动情况及时调整、充实领导班子，积极推行"双主任"制，由党委副书记或组织部部长兼任关工委主任，不断加强组织领导。党委、政府高度重视，采取派、聘、借、兼等方式，为各级关工委办公室配备了工作人员，关工委办公室建设更加有力。

"五老"队伍不断壮大。各地采取组织动员、典型带动、表彰推动等多种方式，将"五老"骨干队伍培训纳入同级党政干部教育培训计划，积极落实关心爱护"五老"的政策措施，有效调动"五老"参加关心下一代工作的积极性，全省"五老"队伍不断壮大。

协调机制更加健全。建立关工委成员单位联席会议制度，明确成员单位

职责，定期召开成员单位会议，集中精力破解工作中的突出问题，为关工委开展工作凝聚了合力、提高了质效。

（二）坚持围绕中心、服务大局，民族地区关工委组织作用日益增强

青海各级关工委坚持将民族地区社会经济发展与促进青少年健康成长相结合，充分发挥广大"五老"的优势作用，为青少年健康成长积极贡献力量，民族地区关工委的作用日益凸显。

加强思想道德教育。各地紧紧抓住思想道德教育这一核心职责，充分发挥全国关心下一代党史国史教育基地、全省关心下一代教育基地等的育人作用，深入开展"传承红色基因、争做时代新人""'关工杯'全省青少年作文大赛""学党史、颂党恩、跟党走"等主题教育，加强青少年思想道德教育，推动社会主义核心价值观教育的具体化、形象化和生动化。

加强民族团结教育。各地立足民族地区实际，在民族团结教育、民族团结政策宣讲等方面主动作为，组织"五老"特别是懂"双语"的"五老"，通过进课堂、进农牧区、进寺院，与青少年开展"心连心""面对面""手拉手"等丰富多彩的活动，大力宣传党的民族宗教政策，讲述民族团结好故事、传播民族团结好声音，教育引导各族青少年要像石榴籽一样紧紧抱在一起，使"三个离不开""五个认同"的思想在青少年头脑中生根发芽，进一步铸牢中华民族共同体意识。尤其是创造性地探索宗教领域的关工委组织建设，对包括年轻僧侣在内的广大青年进行维护祖国统一、反对民族分裂的教育，强化年轻僧侣爱党、爱国、爱教的信念。

加强生态文明教育。各级关工委认真贯彻落实省委十四届七次、八次会议精神，紧紧围绕省委生态立省的战略安排和打造"生态文明高地"的部署要求，深入宣传"青海最大的价值在生态、最大的责任在生态、最大的潜力也在生态"这一省情，通过"老少共携手、保护三江源""老少携手添绿色、植树造林美家园""绿色感恩、生态报国"等品牌活动，以及在全国生态日开展"祖国在我心　生态我践行"主题实践活动，向广大青少年普及生态文明理念，引导青少年从小树立环保意识，用实际行动守护好、建设好美丽家园。

2020 年 4 月，省委、省政府授予省关工委"青海省国土绿化特别贡献奖"。

加强困境青少年的帮扶工作。借助关心下一代基金会平台，通过个人捐资、社会募集、上级争取等渠道，筹集资金实施了贫困家庭大学生资助、未就业大学生就业帮扶、"关爱·暖冬"、农牧区青年健康等项目，积极开展针对青少年的先天性心脏病"关爱行动"、口腔健康防治专项关爱行动、治疗包虫病等，帮助困境青少年解决实际问题，为青少年健康成长营造良好的环境。

助力乡村振兴战略。深入开展农村青年"讲政治、育新人、学科技、奔小康"活动，围绕新农村建设，积极协调农业、科技、科协、乡村振兴等部门支持，组织实施"农民青年致富带头人培养计划""种子工程"等农村青年培训计划；积极开展老科技工作者下乡活动，与农牧区青年结对子，经常性开展技术指导及服务工作，帮助农村青年依靠科技提高致富能力。部分地方建立农牧业科技培训示范基地、青年农牧民创业基地，精心培养"科技带头人"，大力扶持大学生创业，辐射带动当地青年农牧民提高科学种田、规模养殖水平，拓展创业就业空间，增强农业农村的发展活力。

三

存在的现实问题和不足

经过多年努力，全省关工委工作取得了一些长足的发展，但由于青海地域辽阔，地域差异大，经济社会发展程度不一，关心下一代工作发展不平衡问题较为突出。

思想认识有待于进一步提高。有些偏远基层单位或部门认为关心下一代工作是离退休干部的工作，是退休老同志的事，对关心下一代工作的重要性认识不足，对关工委组织和"五老"群体的关心不足，尚未充分组织和引导广大"五老"发挥优势作用。县级关工委归口组织部门，工作人员由组织部门、老干部工作部门人员兼任，很难集中精力去学习、思考，对关心下一代工作的重大历史使命认识不够，对如何适应新形势新任务，主动积极完成工作任务还缺乏深入研究。

组织建设和工作机制有待于进一步完善。偏远农牧区、社区空白点、"空架子"等现象存在，出现"有组织无活动"的现象；各地活动开展情况不均衡，西宁、海东、海南、海西等地每年开展的活动较多，其他地区相对较少；部分地区青少年集中的托幼机构、青年人才集中的企业等还没有完全建立关工委组织，对企业、社会组织等的覆盖面还不足；部分组织还存在有机构没人员或人员不足、有机构没经费保障或保障不足、组织作用发挥不完全或完全不发挥的现象；基层关工委组织和成员单位之间的联动机制不够健全，在工作开展、活动组织、教育实践基地建设等方面合作机制还不完善；基层关工委之间还缺乏交流、学习、互动的机制和平台。

干部队伍建设和保障激励有待于进一步加强。基层关工委组织尤其是县级及以下没有配备专职工作人员，都是兼职人员且流动性较大，造成对关工委相关工作的重要意义和性质、职能任务、方式方法不熟悉，无论是工作内容还是方法载体都相对单一，对"五老"和青少年的吸引力不强，工作成效不明显，直接影响了基层关心下一代工作的开展。

"五老"队伍建设还有待加强。由于青海高寒缺氧的地理环境等客观因素制约，大多数党员干部退休后居住在西宁、海东或者环境相对更好的外省城市，造成各地普遍存在缺乏"五老"的情况，主要原因为，一方面各基层对"五老"群体的外延在认识上有很大的偏差，认为仅局限于离退休的老同志和老党员，对热心公益活动的老村书、老农民、老牧民等的发动不足。另一方面，"五老"参与关心下一代工作缺乏有效的激励、保障机制，导致基层开展的关工委工作中缺乏"五老"这一主体力量。

四
新时代新形势青海关心下一代工作的总体思路和举措

在青海不谋民族工作，就不足以谋全局。在新时代新形势新任务下，青海关工委围绕民族团结进步示范省创建工作，以铸牢青少年中华民族共同体意识为主线，以创建"五好"关工委组织为抓手，努力在思想政治、生态文明、法治、文化等教育上有所新作为、开创新局面。

旗帜鲜明讲政治，始终坚持党的领导。党的领导是关心下一代工作的政治灵魂、根本保证和最大优势。关工委开展的一切工作，始终要把党的领导作为最高原则，将围绕和服务党的中心工作，自觉放到大局中去思考、去定位，找准为全局服务的切入点和着力点，为党政分忧、为青少年排忧解难。认真贯彻落实习近平总书记对关心下一代工作的重要指示批示精神，落实党的二十届三中全会和省委二十届七次、八次全会工作的谋划和战略部署，结合《若干措施》精神，认真落实立德树人根本任务，组织动员广大"五老"开展党史、新中国史、改革开放史、社会主义发展史宣讲活动，通过说历史、讲传统、传思想、扬精神，教育引导青少年坚定信仰、信念、信心，增强道路自信、理论自信、制度自信、文化自信，努力成长为中国特色社会主义事业的建设者和接班人。

加强组织建设，激发基层关工委工作活力。坚持不懈地推进"党建带关建"，强化基层关工委领导班子建设，以创建"五好"关工委组织为标准，主动融入党政中心工作，挖掘本地优势资源，对不同领域的基层关工委组织要坚持分类指导，将工作的重心向乡镇、社区、村社、学校、企业等基层单位倾斜，打牢关工委工作的基层基础，注重加大关工委工作的宣传力度，积极探索"网上关工委"建设，以"互联网＋关工"工作模式，利用网站、微信公众号、头条号、抖音等新媒体，切实搭建好网络交流新平台，增强关心下一代工作活力，适应新时代关心下一代工作发展要求。

充分调动和依靠广大"五老"，提高主体力量和水平。认真贯彻落实中办、国办《意见》和青海省两办《若干措施》精神，建立有效调动"五老"工作热情和积极性的保障与奖励机制，通过组织发动、典型影响、奖励激励等多种方式把那些愿干事、真干事、干成事的退休老同志及农牧区乡绅贤达发动起来、组织起来，不断壮大"五老"队伍，建成一支素质优良、人数众多、覆盖面广、结构合理的"五老"队伍。让广大"五老"在加强青少年思想道德建设、助力贫困地区脱贫攻坚、维护青少年合法权益、关爱保护农村留守儿童和困境儿童等方面发挥作用，大显身手。

加强部门联动和协作，形成工作合力。主动与教育、团委、司法、科技等部门加强沟通协调、联系配合，采取"同台唱戏""搭台唱戏""借台唱戏"的方式，主动在工作上衔接、政策上支持、难事上协调，形成你中有我、我中有你，各部门齐抓共管的关心下一代工作大格局，共同推动全省关心下一代工作高质量发展。

充分发挥地区优势和特色，推动关工委工作全面发展。青海正在举全省之力创建民族团结进步示范省。各级关工委围绕中心大局，始终坚持立德树人根本任务，通过优化教育方式、丰富教育载体，在优秀民族文化传播惠民、民族技艺继承创新和民族共建生态文明、乡村振兴等活动中，开拓思路、创新举措，促进各民族间交往交流交融，努力使民族地区关工委工作展现新作为、突出新特色、打造新亮点。

新时代党的治疆方略与中华民族共同体意识的多维构建

新疆维吾尔自治区关心下一代工作委员会 ————————

新时代党的治疆方略，是习近平新时代中国特色社会主义思想的重要组成部分，是指导新疆工作的总纲领、总方针，铸牢中华民族共同体意识是新时代党的治疆方略的内在要求，是党的民族工作和民族地区各项工作的主线。新疆各级关工委牢记领袖嘱托、凝聚奋进力量，坚持完整准确全面贯彻新时代党的治疆方略，紧扣铸牢中华民族共同体意识主线，从理论与实践、历史与现实、政治经济文化等多个维度深化认识、推进工作，为关心下一代事业高质量发展聚力赋能。

一

新时代党的治疆方略与铸牢中华民族共同体意识是有机联系、相互促进的统一整体

2014 年 5 月习近平总书记在第二次中央新疆工作座谈会上提出，"坚持依法治疆、团结稳疆、长期建疆，努力建设团结和谐、繁荣富裕、文明进

步、安民乐业的社会主义新疆"，同时强调"牢固树立国家意识、公民意识、中华民族共同体意识。"2020年9月，习近平总书记在第三次中央新疆工作座谈会上，对新时代党的治疆方略作了更为系统的阐述，明确了新疆工作的总目标，完整概括了"依法治疆、团结稳疆、文化润疆、富民兴疆、长期建疆"二十字方针，同时进一步强调"铸牢中华民族共同体意识"。2022年和2023年，习近平总书记两次视察新疆，把铸牢中华民族共同体意识提升为"新时代党的民族工作的主线"和"民族地区各项工作的主线"，要求新疆"把铸牢中华民族共同体意识的工作抓实"。这些重要讲话重要指示，丰富和拓展了新时代党的治疆方略，为新疆工作提供了根本遵循，也为关工委工作明确了重点方向、提供了科学指针。

新时代党的治疆方略是在实践中不断丰富和发展的，铸牢中华民族共同体意识是其中的应有之义和必然要求，二者是有机联系的整体，不可相互替代。完整准确全面贯彻新时代党的治疆方略，是铸牢中华民族共同体意识的实践基础；铸牢中华民族共同体意识要在新时代党的治疆方略总要求下推进，在贯彻新时代治疆方略的实践中不断拓展深化。

铸牢中华民族共同体意识，总结党的民族工作百年实践，凝练了新时代党的治疆方略的价值旨归和核心要义，具有丰富深刻的历史内涵和鲜明的时代要求。第一，牢固树立休戚与共、荣辱与共、生死与共、命运与共的共同体理念，这是基本要求。第二，坚定对伟大祖国、中华民族、中华文化、中国共产党、中国特色社会主义的高度认同，这是核心目标。第三，正确把握共同性和差异性等重大关系，开展的各项工作都要有利于增进共同性，同时尊重和包容差异性，这是处理民族关系的基本原则。第四，结合贯彻新时代党的治疆方略，把握中华民族共同体意识的依据和内涵。依法治疆，旨在巩固社会治理的基础和法治保障；团结稳疆，是要"构建起维护国家统一和民族团结的坚固思想长城"；文化润疆，目标是促进文化认同、人心凝聚，构筑各民族共有精神家园；富民兴疆，要求紧贴民生推进高质量发展、"实现各族人民对美好生活的向往"；长期建疆，必须始终坚持党的领导，实现经济持续繁荣和社会长治久安。

二

突出依法治疆，强化铸牢中华民族共同体意识的法治基础和法治保障

在新时代党的治疆方略中，依法治疆被摆在首位，是提高新疆社会治理能力、巩固社会稳定和长治久安的重要保障。加强青少年法治教育，是关心下一代工作的重点之一，对弘扬法治精神、建设法治新疆具有重要意义。各级关工委紧贴青少年成长的实际问题推进法治教育和实践，着力提高他们的法治素养。一是开展专题研讨和培训。学习运用习近平法治思想，研究如何增强青少年法治教育效果、解决青少年遇到的实际问题、加强未成年人保护和预防犯罪等问题。与自治区团委、教育厅和公检法机关等联合开展"加强青少年法治教育和权益保护"调研，分析掌握情况、提出对策建议。组织专题学习培训，提高法治素养和工作能力，培训宣讲人员 3500 人次。二是扎实推进青少年法治宣传教育。持续开展"关爱明天、普法先行"青少年法治宣传教育，结合新疆实际擦亮"'五老'送法万里行""与法同行、逐梦青春"等工作品牌，组织开展全区"宪法宣传周"主题宣讲和"法治教育基层行"活动。选聘法治副校长、义务宣讲员，协助学校完善法治教育和工作机制。2024 年全区共开展法治宣传 1.2 万多场次、受教育青少年 167.3 万人次。三是成立青少年法治宣讲团。充实和扩大法治教育工作力量，动员更多法律专业经验丰富的老同志和律师参加。建立"银龄调解室""法治工作室""关爱帮教站"等，为青少年健康成长护航。四是积极参与基层治理。动员"五老"就近开展法律宣传和咨询，提供"一站式"法律援助。推进"零犯罪社区（学校）""普法教育示范区""平安小区"等创建活动。关爱帮教问题青少年，采取思想教育、行为矫正、技能培训等方式，为他们搭建"回归社会通道"。关注未成年人网络问题，引导他们正确对待网络，学会文明上网，远离不良信息。

三

践行团结稳疆，夯实铸牢中华民族共同体意识的群众基础

习近平总书记强调："新疆的问题最长远的还是民族团结问题"。① 各级关工委坚持从新疆多民族聚居的区情出发，把教育引导青少年加强民族团结、维护祖国统一作为重要政治责任。一是持之以恒深化民族团结进步教育。发挥广大"五老"优势作用，宣传党的民族政策和民族区域自治基本制度，用亲身经历讲清民族团结是福、分裂动乱是祸的道理，加强中华民族共同体历史、中华民族多元一体格局宣传和阐释，引导各族青少年树立正确的国家观、民族观、文化观、历史观。二是深入研究影响青少年健康成长的突出问题。发挥新疆大学、师范大学"铸牢中华民族共同体意识"研究基地的作用，建立首席专家领衔、多学科学者和关工委专家参加的专业性研究团队，定目标定任务，出成果出人才。三是深入开展共建共创和选树先进活动。优化"民族团结代代传""民族团结一家亲""民族团结教育月""民族团结大讲堂"等活动，选树"民族团结好少年""民族团结先进集体（班级、社区、大院）"等，发挥典型示范引领作用。四是促进交流交往交融。开展结对认亲及一起包粽子、吃月饼、炸馓子等活动，浇灌血脉相融的民族团结之花。用好援疆省市资源，组织参观研学、联谊交友、红色夏令营等活动。联合有关部门，以体育文艺为媒，促进青少年交往交流交融，联合举办首届"关工杯"全疆少儿乒乓球邀请赛、第二届粤港澳新篮球嘉年华暨篮球文化交流赛，适时举办青少年国际交流活动。创造条件让各族青少年学在一起、玩在一起、成长在一起，推动形成互嵌式社会结构和环境，深刻认识"五十六个民族凝聚在一起就是中华民族共同体"，促进共居共学、共建共享、共事共乐。

---

① 《新疆各族各界人士：共同维护祖国统一民族团结》，中国政府网，2014 年 6 月 1 日。

四

推进文化润疆，构建铸牢中华民族共同体意识的精神文化基础

习近平总书记指出："要以增强认同为目标，深入开展文化润疆。"① 文化认同是最深层次的认同，从青少年开始，以文育人、以文润心，让中华民族共同体意识从小植根心灵深处。一是端正历史文化认知。开展中华文明、中华民族共同体的宣传教育，普及推广国家通用语言文字，用好各地历史文化资源，发掘和保护各民族优秀文化遗产，让历史见证、用文物说话，多维度全方位展现中华文化共同性，树立"五个共同"的中华民族历史观。二是持续推进传承红色基因工程。以党史学习教育为重点，深入开展"四史"教育，讲好党的故事、英模故事。开展"学党史、颂党恩、听党话""花儿向阳、童心向党""感受历史文化、浸润爱国之心"等特色鲜明、形式多样的教育和实践活动，共6015场次，参与"五老"1.17万人次，受教育青少年83.39万人次。三是弘扬中华优秀传统文化。不断推进中华优秀传统文化进校园、进社区、进农村，开展弘扬好家教好家风活动，加强青少年思想文化阵地建设和网络空间治理，引导青少年崇德向善、注重实践养成。四是开展丰富多样的文艺和科普活动。开展富有地域特色、关工特点的文体活动，协助有关学校办好文化节、体育节。开展"我们爱科学""插上科学的翅膀——科学家（精神）进校园"等活动，聘请46位科学副校长，普及科学知识，提高青少年科技素养。连续两年组织"候鸟的爱"艺术公益行活动，来自全国19个省区市的150多名青年教师，为新疆喀什疏附县和伊犁州昭苏县学校送去优质艺术教育资源，并捐助30余万元，自治区关工委筹资从受援学校中评选出优秀作品在中央美院展出。五是加快新媒体阵地建设。与有关部门和高校共同建立"网上家长学校"，打造全方位宣教平台，创新和拓展青少年教育交流渠道。

---

① 《习近平在新疆考察时强调　完整准确贯彻新时代党的治疆方略 建设团结和谐繁荣富裕文明进步安居乐业生态良好的美好新疆》，《人民日报》2022年7月16日。

五

助力富民兴疆，增强铸牢中华民族共同体意识的物质基础

发展是新疆长治久安的重要基础。民族工作要见物，更要见人。一是加强教育引导。向青少年讲清发展与稳定、发展与人心、物质与精神的辩证关系，认识新疆在国家全局中的战略定位、发展优势和美好前景，增强对中国式现代化的认同，为建设美好家园挺膺担当。二是认真研究解决问题。组织"五老"关爱团、帮扶团，认真研究青少年学业进步、婚恋交友、心理健康、就业创业、社会融入、学习新知识新技能等实际问题，满足他们的多元发展需求。三是开展"乡村振兴'五老'行动"。着力发挥"五老"优势作用，推动乡村基层治理，培养农村青年创业者和带头人。在全区集中开展专题调研，与有关部门成立专项调研组，形成《坚持"五个融入赋能乡村振兴"》专题调研报告，被中国关工委列入2024年助力乡村振兴工作品牌优秀案例。四是加强城市和企业关心下一代工作。开展城市社区志愿服务，教育培养青年职工、关爱职工子女健康成长，助力城市和企业高质量发展。开展城市、企业关工委工作座谈会和调研，高质量撰写专题调研报告。五是进一步做好"五助"工作。全区6561名"五老"与9569名青少年结对，为留守儿童、困境儿童等提供爱心帮扶。组织"五老"骨干、心理医生和专业教师，对"五失"青少年、留守儿童等开展心理辅导和干预。各地累计提供助学金2567.88万元，受益人数47334人。

六

坚持长期建疆，强化铸牢中华民族共同体意识的实践基础

在新征程上建设美丽新疆，是长期的战略任务。要在开展铸牢中华民族共同体意识的教育上持续用力、久久为功。着力引导青少年，深刻认识新疆各个时期的发展都离不开党的领导，宣传新疆在党的领导和兄弟省区市援助下取得的巨大成就，同时理性认识新疆建设的长期性、艰巨性，组织"五老"

讲扎根边疆、艰苦创业的经历，组织青少年学习参观村史、厂史、城市建设发展史，引导他们发扬艰苦奋斗精神，在建设美丽新疆的火热实践中书写精彩人生。

以铸牢中华民族共同体意识为主线，加强青少年教育，是党和国家基业长青之计、中华民族永续发展之计。新疆面临高质量发展的重大历史性机遇，全疆关工委认真总结经验，进一步落实中办、国办《关于新时代加强关心下一代工作委员会工作的意见》和自治区《关于新时代加强关心下一代工作委员会工作的实施意见》精神，以更加坚定的信心、更加务实的举措，扎实推进各项工作创新发展。一要始终坚持党的领导。围绕党和国家中心任务，进一步落实习近平总书记重要论述重要指示和党中央决策部署，把加强青少年铸牢中华民族共同体意识教育融入党委、政府工作大局，确保正确政治方向。二要进一步强化主线意识和工作定位。深刻认识铸牢中华民族共同体意识的重大意义、丰富内涵和实践要求，紧扣工作主线，坚持"学习培训、宣讲教育、社会调查、理论研究、队伍建设"一体推进，确保关工委工作始终坚持而不偏离主线。三要把握重点任务和要求。锚定"五个认同"核心目标，深入开展"四个与共""五个共同"的宣传教育和研究阐释，把铸牢中华民族共同体意识的道理、学理、哲理搞清楚、讲透彻，引导青少年认识中华民族共同体意识形成发展的历史根基、内生动力、坚强纽带，推动中华民族成为认同度更高、凝聚力更强的命运共同体。四要开展大宣讲大培训。2024年，自治区关工委组织线上专题培训，自治区关工委主任带头作第一讲，为全区大宣讲破题开局，自治区党委主要领导对讲稿作出批示，各级关工委和"五老"骨干2.6万多人次参加。遴选各地州和有关单位优秀力量，成立"天山松"宣讲团，优化专家委员会结构及其发挥作用的方式，举办专题培训班3期，开展宣讲120余场次，2.6万多人次参加。2025年第一季度，启动并开展"展天山风采、育时代新人"大宣讲活动，重点面向职业技术学校、新就业群体及商会协会等组织，围绕主线开展法治宣讲和时代精神教育。五要加大理论研究和社会调研力度。召开全区"深化铸牢中华民族共同体意识，切实增强青少年'五个认同'"座谈会，汇集研讨交流材料200余篇、制作短视频 32 个。召开自治区首届家庭教育理论和实践研讨会，邀请国内知名专家参加，交流研究成果和工作经验，深入研究家庭教育和青少年成长中的热点难点问题。与高等院校合作，成立"新疆青少年研究中心"，启动重大课题项目，取得了一批成果。成立重点课题调研组，上下联动、部门协同，深入 12 个地州 584 个基层单位，累计开展各项专题调研 39 次，完成中国关工委安排的 4 个重点课题，示范推动各地各单位形成调研成果 150 余篇，荣获全国关工委优秀调研成果一等奖、三等奖共 13 项。2024 年 9 月，中国关工委顾秀莲主任调研时，对我们的工作予以充分肯定，并鼓励我们把青少年铸牢中华民族共同体意识教育建成民族地区特色工作品牌。

学院关工委设立学生委员的工作模式

江南大学关心下一代工作委员会 ——————————————

在大学生成长过程中，激发内生动力尤其重要。关工委工作助力大学生成长，只有充分激发大学生的主观能动性，从"要我做"变成"我要做"，才能取得更好的实效。江南大学关工委在全校二级学院关工委设立学生委员。学校制定《江南大学二级学院关工委学生委员工作条例》（江大委办〔2016〕1号），明确学生委员的工作任务和工作职责，形成江南大学"学院关工委设立学生委员的工作模式"的创新工作机制，有力推进江南大学关工委工作。2021年，江南大学关工委《学院关工委设立学生委员的工作模式》获评全国教育系统关工委"十佳创新案例"。2023年4月13日，教育部关工委在江南大学召开"高校二级学院关工委设立学生委员研讨会"，听取了江南大学关工委、校团委、食品学院党委、物联网工程学院关工委常务副主任、马克思主义学院关工委学生委员等关于"学院关工委设立学生委员的工作模式"的汇报。参会的10所高校开展了二级学院关工委设立学生委员的试点工作。

一

工作理念

一是设立关工委学生委员，架起关工委和大学生之间的桥梁，增强了关工委工作的实效性。学院关工委设立学生委员，有利于关工委工作融入学院党政工作体系，促进关工委"五老"与青年大学生之间的沟通。关工委的工作更加贴近学校、贴近学生、贴近实际。

二是设立关工委学生委员，注重需求侧问题，完善供需侧关系，增强关工委工作的针对性。了解大学生思想动态和现实需求，是做好关心下一代工作的前提。设立学生委员能够及时掌握学生的真实需求，有利于加强需求侧的工作力度。在问题导向和需求导向下，关工委工作就更具有针对性。

三是设立关工委学生委员，激发"五老"的工作活力，增强关工委工作的互动性。学校"五老"和大学生有着天然的联系，大学生有所"呼"，学校"五老"必有所"应"，有利于激发"五老"的教育责任，关注大学生成长中的新情况新问题，也有利于提升"五老"的能力，尤其是在与大学生的互动中，增强"五老"运用互联网等新方式的能力。

四是设立关工委学生委员，构建大学生成长的平台，增强关工委工作的先导性。设立关工委学生委员，构建了发挥大学生自我教育、自我管理、自我服务等主体作用的平台。通过关工委学生委员实际参与关工委工作，不仅有利于培养和锻炼学生委员的自身素质和工作能力，带动广大学生干部队伍素质的提高，也有利于提升关工委工作在广大青年学生中的影响力。

五是设立关工委学生委员，增强关工委和学院、校团委的联系，提升关工委工作的系统性。设立学院关工委学生委员是一个系统工程。学院关工委学生委员是在学院党委领导下开展工作，在校团委的主导下增强活力，在校、院关工委的引导下发挥作用。这有利于形成党委统一领导、党政齐抓共管、关工委主动作为、有关部门积极配合、社会各界广泛参与的关心下一代工作机制。

二

具体做法

一是学校颁发文件。2016年，学校印发《江南大学二级学院关工委学生委员工作条例》，在二级学院关工委中设立学生委员，由学院的分团委副书记（学生）或学生会主席担任。全校实现17个学院关工委学生委员全覆盖。

二是明确工作职责。明确关工委学生委员的主要任务是参与各二级学院关工委的日常工作，配合二级学院关工委对青年学生开展思想政治教育，引导青年学生勤奋学习、树立社会主义核心价值观、提高综合素质、形成良好学风。明确关工委学生委员在开展思想动态调研、开展学风建设调研、开展心理问题体察、参与社会工作调查、加强校院关工委工作联络等方面的工作职责。

三是完善工作制度。在学院关工委工作统一安排下，学生委员开展各项活动。校关工委、校团委每学期召开一次校关工委学生干事和各学院关工委学生委员工作会议，明确任务，交流工作，提出要求。学校关工委由一名校关工委副秘书长负责联系各学院学生委员，建立学生委员微信群，以便发布活动信息、增进交流；布置工作任务，检查落实情况；发放学习资料，加强工作指导等。学院关工委新老两届学生委员的工作交接会议，由校关工委与学生工作处、团委、离退休党工委联合举行。会议分享上一届学生委员的工作体会和成长经历。校关工委与团委为上一届学生委员颁发荣誉证书和纪念品。校关工委在2012年创办、每年一期的《关爱通讯》上报道关工委学生委员活动，不断扩大学生委员的影响力。

四是加强学习培训。学校关工委组织学生委员培训，使学生委员了解关工委工作情况，提高工作能力和水平。2017年2月，学校关工委组织开展学生委员社会实践，参观国家超级计算无锡中心。组织学生委员学习习近平总书记在全国高校思想政治工作会议上的重要讲话，并撰写学习心得；2018年组织学生委员开展《习近平的七年知青岁月》读书活动，并撰写读后感，部分作品发表在学校关工委的关爱网和《关爱通讯》上；2020年，校关工委充分发挥各学院学生委员的作用，组织广大同学开展"院士回母校——线上讲堂·重温经典"活动，《关爱通讯》选登了部分同学的学习体会文章；2021年组织学生委员学习习近平总书记"七一"重要讲话，马克思主义学院学生委员高梦冉的《青年大学生的责任和担当》心得体会被刊登在 2021 年版《关爱通讯》上；2024 年 4 月 6 日，关工委学生委员参加在奥林匹克陈列馆举行的"江南大学关心下一代教育基地"揭牌仪式。2024 年 5 月，关工委学生委员参加无锡"两弹一星"教育基地的学习交流活动，并撰写心得体会文章，受到教育基地老战士们的表扬。

五是纳入考核体系。依据《关于开展二级学院关工委优质化建设与考核工作的通知》（江大委办〔2022〕4 号），学生委员工作被纳入《江南大学二级学院关工委优质化建设基本要求》，作为二级学院关工委优质化建设的衡量指标之一，分值为 8 分。2023 年，校关工委组织开展了首批二级学院关工委优质化建设达标学院考核工作，通过自查自评、实地考察交流互评、综合评议、校党委同意，确定食品学院等 10 个学院为首批二级学院关工委优质化建设达标学院。

三

实际成效

一是依托学生委员，丰富了学院关工委的活动。在关工委老同志的指导下，学生委员结合大学生学习、生活和思想实际，以大学生喜爱的形式，开展各类主题教育。如食品学院关工委学生委员主动与老同志联系，配合学院开展的"老少携手、党团共建"活动，邀请被"人民网"等媒体誉为"保尔·柯察金"式英雄的丁解新到校参加《讲述英雄青春故事》报告会；物联网工程学院关工委学生委员充分利用学院大学生创新实践基地平台，依靠关工委老同志的专业优势，指导学生走进"创新实践基地"，参与各种科技竞赛，加强科研能力培养，并多次获得国家级、省部级学生科技竞赛奖项；法学院关工委学生委员认真收集学院青年学生的需求信息，并整理分类，与学院关工委常务副主任、分团委书记一起制定学院学生培养对接表；生物工程学院关工委学生委员经常与关工委老同志对接联系，调研学生思想动态，配合学院关工委积极开展"读懂中国"和社会主义核心价值观主题教育，使关工委工作内容更加贴近学生、更有成效；纺织科学与工程学院关工委学生委员积极发挥作为学院关工委与全院团学组织、班团支部之间的桥梁作用，充分利用好无锡周边的红色资源、文化资源和地域资源优势，主动联络关工委老同志为入党积极分子培训班、发展对象培训班、"青马工程"培训班、团学骨干培训班上党课、上团课；外国语关工委学院关工委学生委员精心策划"老少携手、党团共建"活动，邀请"五老"走进校园，为入党积极分子讲授专题党课，传承红色基因，激发青春力量，激励广大同学积极向上；化工学院学生委员先后策划开展院级青马工程、国家安全教育日宣传教育、"青春勇担当，奋进正当时"化工学院五四团日主题教育等，覆盖化工学院本硕博全年级段；医学院关工委学生委员主动与班级心理委员进行沟通交流，共同开展心理普查工作，重点围绕学业、生活、人际关系等方面开展心理健康调研，了解同学们的心理健康状态。校关工委统一部署，各学院学生委员组织落实，通过线上线下双渠道模式，组织广大同学参加2022 年无锡市关工委举办的"老少心向党、喜迎二十大"主题教育直播课堂进校园活动。

二是依托学生委员，深化了学院关工委的工作内涵。学院关工委设立学生委员的工作模式，形成了"五老"与大学生的互动与合力，深化了学院关工委助力"三全育人"的工作内涵。生物工程学院关工委积极发挥学生委员优势，通过牵好"连心线"、联结"活动线"、搭建"宣传线""三线"工作法，推进学院关工委优质化建设，落实立德树人根本任务；设计学院关工委打造"三链融合"工作模式（即打造"关工委学生委员＋思想引领"引导链；"关工委学生委员＋团队培育"保障链；"关工委学生委员＋主题教育"养成链），推进关工委学生委员工作，调动"五老"和青年学生两个教育主体的积极性，提升关工委和团学组织的活力；人文学院关工委通过学生委员，有效拓宽关工委工作骨干来源渠道，既为青年学子搭建了成长平台，又为关工委组织建设注入了青春活力。延伸了"五老"协同育人工作手臂，实现了老少携手"双向奔赴"、关爱育人"双向赋能"；物联网工程学院关工委充分发挥学生委员主体作用，以聚焦"圆心"、延长"半径"、扩大"圆面"为工作思路，扎实做好压实责任勇作为、紧扣节点强实践、联动协同展实效，营造人人、时时、处处的"三全育人"氛围，全面展现新时代关心下一代工作新作为。

三是依托学生委员，取得了关工委工作的成果。发挥关工委学生委员和学生干部的作用，使关工委工作更具活力。从 2018 年江南大学成为教育部关工委"读懂中国"活动试点高校以来，关工委学生委员充分发挥主动性，积极组织、参与"读懂中国"活动。学校共计拍摄视频 33 个，征文 1775 篇。其中，5 个视频获评"读懂中国"活动最佳或优秀微视频，8 篇学生征文获评"读懂中国"活动最佳或优秀征文。在 2020 年"关于学生成长过程中疑难问题"的调研中，学生委员牵头组织在 17 个学院收集归纳出 425 条问题信息，提供给校关工委和学校相关部门进行数据共享。在 2021 年"百个团支部采访百名老党员"活动中，广大学生委员积极参与了对主题活动 31 个短视频、126 篇征文的评审工作，为出版《红心永向党——江南大学"百个团支部采访百名老党员"活动集锦》作出贡献。江南大学是江苏省教育系统关工委优质化建设试点和考核试点高校，2021 年 11 月，江苏省教育系统关工委对江南大学关工委优质化建设考核试点材料进行了综合评议。综合评议意见反馈如下："江南大学关工委工作富有特色"，"组织体系健全，二级学院关工委工作扎实，不但坚持老同志担任常务副主任，还专门设有学生委员和青年教工委员，有机融合，成效显著"。

学生委员鲁晨辉荣获 2020 年度"全国优秀共青团员"荣誉称号，学生委员余柳锋荣获 2022 年度"全国优秀共青团员"荣誉称号。

四

几点体会

学院关工委设立学生委员的工作模式，遵循了思想政治教育规律。思想政治教育过程是教育者和受教育者相互影响、相互作用的双向互动过程。一方面，教育者在思想政治教育过程中发挥着主导作用。另一方面，受教育者也不是被动地接受教育，而是发挥着主体作用。受教育者是教育活动的主体，也是自我教育的主体。学生委员的加入，使学院关工委工作全面融入学院思想政治教育工作体系，学院"三全育人"工作更加丰富多彩、富有成效。

学院关工委设立学生委员的工作模式，遵循了学生成长成才规律。要对教育对象给予充分的尊重与肯定，通过教育实现学生主体的不断完善提升，实现科学价值与社会价值的统一、自然价值与人文价值的统一，促进学生成长成才。关工委学生委员通过参与关工委工作，提高了自身的思想素质和工作能力，成为大学生中一批积极向上、勤奋踏实、具有创新活力和担当精神的群体。

学院关工委设立学生委员的工作模式，遵循了关工委工作规律。学院关工委设立学生委员，坚持"急党政所急、想青少年所需、尽关工委所能"的工作方针，使关工委"五老"与青年大学生之间实现了更加紧密的联系与交流，使关工委工作融入学生群体，贴近学生所需，团结教育广大青少年听党话、跟党走。

马克思主义学院关工委学生委员王朝仪在工作体会中写道："我常常被关工委老同志的精神所感动，特别是他们以坚定的政治信仰和丰富的党团组织工作实践经验助力学生党团组织建设，在这个过程中，我更深刻地理解了党的根本宗旨。作为一名大学生，我深知党的宗旨是全心全意为人民服务，现阶段我能做的就是要尽己所能为身边的同学服务，帮助创造更有利于同学们成长的环境。对于自己的这个关工委学生委员身份，我是相当引以为傲的，这个身份的职责就是让同学们能有更多的机会与关工委老同志交流，向他们汲取人生经验。我们要做的就是认真细致地把同学们所思、所想以及困惑之处分享给关工委老同志，以便让关工委老同志更好地为同学们答疑解惑，这实际上就是为人民服务的体现，也是一个普通学生入党初心的证明。"

因此，学院关工委设立学生委员的工作模式，遵循了思想政治教育规律、学生成长成才规律、关工委工作规律，是激励学生自我成长、完善自我教育体系、深化关工委工作、提升学院关工委工作质量的有效工作模式。

青少年法治教育和权益保护篇

把握规律
提高防治校园欺凌工作的精准度和有效性

黑龙江省关心下一代工作委员会

校园欺凌一直广受关注，舆论热点不断，社会反映强烈。按照中国关工委和黑龙江省委要求，以及教育部等十一部门印发的《加强中小学生欺凌综合治理实施方案》，2023年初，黑龙江省关工委把助力防治校园欺凌作为重点工作进行了部署、推进。随着工作的深入开展，我们对防治校园欺凌工作中的一些问题有了新认识、新体会。

一

助力防治校园欺凌工作是各级关工组织必须担负起的政治责任

防治校园欺凌工作事关亿万中小学生身心健康和全面发展，事关千家万户的幸福与社会和谐稳定，事关中华民族的未来和伟大复兴，是摆在我们面前的一项极其重要而紧迫的任务，是各级关工组织应该做、必须做而且必须做好的重要工作之一。

校园欺凌的危害广泛而深远。校园欺凌行为的危害是全方位的。被欺凌者受到欺凌后常常心理留下永久的伤痕，欺凌者会滋生崇尚暴力心理，养成暴躁等不良性格，旁观者会因目睹恃强凌弱、血腥暴力场面而产生不良心理问题。校园欺凌不仅会破坏学校和谐、安定的学习环境，降低学生学习质量，还会给当地的经济发展带来消极影响。

校园欺凌的成因众多而复杂。防治校园欺凌是一个世界性难题，它成因复杂，有个人因素、学校因素、家庭因素、社会因素等，此外还受区域经济发展不平衡的影响。这决定了防治工作的艰巨性。

防治校园欺凌工作紧迫而艰巨。近年来，恶性校园欺凌事件多发频发，且呈现出施暴者年龄越来越低，恶性程度越来越高，与校园欺凌有着密切关联的未成年人违法犯罪案件呈高发之势等特点。

二

黑龙江省防治校园欺凌的探索与实践

2023 年初，黑龙江省关工委就把防治校园欺凌纳入重点工作日程，采用上下结合的方式，各级关工委配合教育部门对防治校园欺凌问题开展了广泛调查研究，在此基础上，制定了关工委《助力防治校园欺凌工作行动方案》和《联席会议成员单位防治校园欺凌工作职责》。2024 年 5 月 29 日，召开了以防治校园欺凌为重点内容的合力推进和谐平安校园建设联席会议，号召成员单位和各级关工委及广大"五老"积极落实会议精神，进一步推进防治校园欺凌工作。

各级关工组织立足发挥关工委委员会和"五老"两个优势作用，积极配合有关部门，主动作为，着力从思想道德教育、家庭教育、和谐平安校园建设、防欺凌知识教育、心理健康教育、依法保护青少年、加强网络建设、帮助困境青少年、问题青少年帮教、重点区域和重点时段防控等方面助力学校等深入开展防治校园欺凌工作。我们的做法得到了广大青少年、老师和家长的普遍欢迎，受到社会的赞誉。一年多的实践证明，在防治校园欺凌工作中，关工委有平台、有资源、有优势，各级关工委干部和广大"五老"有愿望、有激情、有干劲，完全能够主动作为且大有作为。

三

牢牢把握住校园欺凌发生的规律

校园欺凌的发生有一定的规律性。在一些重点人群、重点区域、重点时段多发、易发、频发。防治工作要在全面落实的基础上，把握好这些规律，突出重点，以提高防治工作的精准度和高效性。

紧紧抓住打击网上违法违规行为这个重中之重。习近平总书记说："过不了互联网这一关就过不了长期执政这一关。"[1]青少年教育工作也是这样，管不好互联网这个阵地，就抓不好青少年工作，防治校园欺凌工作尤其如此。各级关工组织要积极运用微博、微信、手机客户端等新媒体传播正能量，引导青少年文明上网、科学上网；要助力网信、教育、公安、通信等部门，对问题突出、顶风违规、屡罚屡犯的网络账号及平台等，坚决依法依规处置，形成有力震慑，为青少年健康成长营造风清气正的网络环境。

加强对特殊儿童的关爱。特别是生活困难学生、留守儿童、流动儿童、事实无人抚养儿童、残疾儿童、单亲家庭子女，以及隐性辍学或性格孤僻、懦弱、胆小怕事的孩子。从年龄结构上看，要重点关注处于小学高年级和初中年龄段的学生。教育实践证明，这个年龄段正处于青春期，发生校园欺凌、暴力事件比例较高。

加强对特殊家庭的帮助，重点是经济困难家庭、外出务工人员家庭、流动人员家庭、单亲家庭、离异家庭、继父母家庭、贫困家庭、残疾家庭、服刑人员家庭。每一个问题青少年背后都有一个问题家庭。在防治校园欺凌工作中，要对问题家庭给予特别的支持和帮助。

加强对重点学校、区域和时段的防控。一是要强化重点学校的防控。乡村中小学、高职院校、技师院校和专门学校等，往往容易发生校园欺凌和暴力事件，要格外重视和关注。二是要强化重点区域和重点时段的防控。防治校园欺凌实践显示，大多数的校园欺凌发生在课间休息时间、午休时间、没有老师看管的活动课时间、上下学途中等时段和学校厕所、学生宿舍、学校

① 《习近平著作选读》第二卷，人民出版社，2023。

门口及周边、楼道、楼梯拐角、天台、储物间等场所。工作中要紧紧抓住这些重点时间段和场所，要落实教育部于 2024 年 5 月提出的在隐蔽场所"做到视频监控全覆盖"的通知要求。

高度重视校园欺凌中呈现出的三个不良苗头。一是施暴者年龄越来越低。二是案件的恶性程度越来越高。三是与校园欺凌有着密切关联的未成年人违法犯罪案件呈高发态势。

<h2 style="text-align:center">四</h2>

<h3 style="text-align:center">防治校园欺凌的对策建议</h3>

进一步深化认识，最大限度防治校园欺凌。我们对校园欺凌不必大惊小怪、谈欺凌色变，更不能讳疾忌医。正确的态度是，承认"它"、重视"它"，立足源头治理，积极应对，抓早抓小抓苗头。

加强教育引导，强化源头防范。"正气存内，邪不可干"。防治校园欺凌，最根本的还是要加强教育，引导青少年树立正确的世界观、人生观、价值观，增强抵御不良思想侵蚀的能力。要加强思想品德教育、法治教育、家庭教育、心理健康教育和预防校园欺凌知识教育，提高青少年自我保护意识和能力。

清除校园欺凌辨识和界定的障碍。校园欺凌难发现、难辨识、难界定有其客观原因，诸如青少年好动，难辨识欺凌与玩闹之间的界线；一些语言欺凌难以监控取证；欺凌多发生在隐蔽场所等，但更主要的还是存在政策不完善，影响了校园欺凌的及时处置。建议进一步完善问责机制，消除人们的顾虑和担心；进一步健全学生欺凌治理委员会制度，使学生欺凌的辨识、界定更加规范、科学、公正，更为实事求是，更为及时有效。

建立健全学校、家庭、社会"三位一体"的育人机制。防治校园欺凌需要家庭、学校、社会三方协同一致，同向发力、同步推进、同时施策。目前存在的问题是，三方在防治校园欺凌工作上相对独立，协同不及时、不紧密。建议各地结合实际，积极探索，通过深入推进家校社协同育人"教联体"建设，实现家校社协同合作常态化与制度化，加强学校、家长的有效沟通和双向互动，及早发现处置学生潜在问题，促进家、校、社三方在预防、处置校园欺凌上的协同一致，构建欺凌防治联动机制，引导青少年不做欺凌者、不被人欺凌、不当旁观者。

强化干预处置，形成严控态势。立足于早发现、早干预、早处置，快速高效地处理欺凌行为，把负面影响降到最低。立足于认真、严格、细致，不姑息、不懈怠、不纵容，对轻微的欺凌行为要积极教育引导、批评教育，对严重欺凌的事件，在对欺凌者批评教育的同时，要联合公安机关开展警示教育或对实施欺凌学生予以训诫，可视具体情节和危害程度给予实施欺凌学生纪律处分。尤其是对涉嫌犯罪的校园欺凌事件要认真落实最高人民法院2024年5月发布《关于全面加强未成年人司法保护及犯罪防治工作的意见》，依法依规予以严肃惩处，形成震慑作用。通过多种手段，实现综合治理，坚决扭转青少年违法犯罪持续上升势头。

编制区域性防治校园欺凌指导手册。校园欺凌行为的发生与当地的经济、文化、社会等因素具有一定的关联性，呈现地域性特点。因此，一些地方相继出台了区域性的防治校园欺凌指导手册，有的地方还数次对手册进行补充完善。防治校园欺凌指导服务手册，包含了对校园欺凌的预防、界定、类型、处置，以及政府、学校、家长、社会等方面的责任内容，有利于提高防治校园欺凌的科学性、有效性。

加大务工人员子女随迁入学力度。子女在父母务工地就近入学，符合国家新型城镇化战略要求，避免因留守儿童而引发的家庭教育缺失，提高农民工子女受教育水平；弥补因少子化而产生的教育机构生源不足问题。各地应紧紧抓住国家出台《深入实施以人为本的新型城镇化战略五年行动计划》的契机，加快推动务工人员子女随迁入学进程。

讲大爱　见真情　聚合力
从源头上预防和减少青少年违法犯罪

江苏省关心下一代工作委员会 ————————————

　　预防和减少青少年违法犯罪，是一项关系党和国家工作全局的战略工程，也是关工委的法定职责和使命。多年来特别是党的十八大以来，江苏省关工委以习近平法治思想为指导，深入贯彻落实习近平总书记对江苏工作的重要讲话和对关心下一代工作的重要指示批示精神，在省委、省政府的坚强领导下，主动配合政法及相关部门，积极探索从源头上预防和减少青少年违法犯罪，以实际行动助力平安江苏、法治江苏建设。省政协原主席张连珍同志任省关工委主任后，把这项工作摆上更加重要的位置。全省97.2%的社区（村）达到未成年人"零犯罪"建设标准。相关做法得到中国关工委和省委领导同志肯定。

一
紧扣立德树人，正面教育引导

　　习近平总书记指出，青少年阶段是人生的"拔节孕穗期"，最需要精心

106

引导和栽培。① 全省关工委着眼培育德智体美劳全面发展的社会主义建设者和接班人，坚持教育为先，强化思想引领，引导青少年自尊自信自立自强、尊法学法守法用法。一是加强爱党爱国主义教育。每年开展主题活动，深化爱党爱国主义教育，教育青少年坚定理想信念，听党话跟党走。以庆祝新中国成立 75 周年为契机，开展"老少同声爱国情　同心奋进新征程"活动。全省 3 万多名"五老"宣讲员面向青少年宣讲党的创新理论和党史、新中国史、改革开放史、社会主义发展史。2024 年 8 月，省精神文明建设办公室、省委老干部局、省关工委等联合举行老少同台节目展演，老少携手讲好中国共产党故事、中国故事、江苏发展故事，省委、省人大常委会、省政协有关领导同志，省委办公厅、省人大常委会办公厅、省政府办公厅、省政协办公厅和省关工委联席会议成员单位相关负责同志等现场观摩。展演实行线上线下同步播出，线上青少年观众达 64 多万人次，被《新华日报》、江苏卫视等报道，产生较大社会反响。二是加强法治宣传教育。按照中国关工委等部门"关爱明天、普法先行"活动部署，全省关工委 2.4 万多名"五老"法治帮教员采用法治讲座、法律知识竞赛等形式，线上线下相结合，持续面向青少年开展《宪法》《民法典》《未成年人保护法》《预防未成年人犯罪法》等宣传，年均举办法治报告会 2.5 万多场次，帮助青少年增强法治观念和遵纪守法意识。南京、南通等在乡镇（街道）创办少年法学苑，盐城等组建"夕阳红"法治宣传队，无锡、苏州等建立法治宣传微信公众号，有效增强法治宣传效果。三是加强心理健康教育。按照省委教育工作领导小组关于实施关爱青少年生命健康"润心"行动要求，全省关工委依托遍布城乡社区的 3 万多个校外教育辅导站，积极开展青少年心理疏导和生命健康教育。省关工委依托南京晓庄学院开展关工委主任心理健康教育等专题培训。各地在校外教育辅导站探索设立"阳光心灵驿站"，协助有关部门做好心理健康风险青少年调查摸底工作，对重点青少年群体进行心理疏导，落实预防干预措施。南通"知心奶奶"谈心室创办 20 多年，接待中小学生 5 万多人次，把爱的阳光洒向孩子心灵。

① 《习近平：用新时代中国特色社会主义思想铸魂育人　贯彻党的教育方针落实立德树人根本任务》《人民日报》2019 年 3 月 19 日。

二

坚持关爱为本，抓实帮扶帮教

对有不良行为、严重不良行为甚至轻微违法犯罪行为的青少年采取积极干预措施，对于预防和减少青少年犯罪而言具有重要的现实意义。全省关工委协同政法等部门，坚持从思想、行为、心理等方面参与教育矫治，让罪错青少年思想认识有改观、灵魂深处有触动。一是开展主题帮教。张连珍主任对教育、感化、挽救未成年犯非常重视，自担任省领导以来，坚持每年中秋前夕到省未成年犯管教所开展主题帮教活动，以大爱之心教育引导未成年服刑人员走好人生路。这项活动已连续开展了 26 年，影响和带动越来越多的社会力量和爱心人士参与其中，2023 年中秋节，中国关工委顾秀莲主任在江苏出席"树立自信　走向明天"主题帮教活动时，对此给予高度评价。2024 年 9 月 11 日，省关工委会同省妇联、省司法厅、省政协社法委开展"感恩报国　回归正道"主题帮教活动，激励未成年服刑人员踏实改造、走向新生。二是开展结对帮教。全省关工委现有"五老"帮教小组 1.2 万多个，"五老"帮教员 3.9 万多名，积极配合派出所、社区、学校，通过"一帮一"或"多帮一"等，积极开展结对帮教工作。许多老同志为了帮助失足或问题青少年，坚持不嫌弃、不放弃，一帮数年，不见好转不松手。不少地方试行"关工＋社工＋专工"帮教模式，对重点群体有针对性地开展情感关怀、心理疏导、行为纠偏等工作，力求因人施策、精准发力。宿迁政法老同志为多名失足青少年制定帮教方案。三是开展助学帮困。江苏省关工委特别关注农村留守儿童、残疾儿童、孤儿和特殊家庭儿童，会同有关部门切实做好助学帮困、控辍保学工作，维护青少年合法权益，促进特殊群体青少年健康成长。省关工委张连珍主任多次深入贫困儿童家庭走访，为贫困儿童、困境儿童送去温暖和慰藉。淮安等地关工委探索实施为留守儿童和失管失亲儿童配备"代理家长"政策，较好地解决了监护缺位难题。省关心下一代基金会年均发放助学金 240 多万元，资助贫困学生 3600 多人，其中包括与关心下一代周报社联合开展"冰凌花"助学行动，每年有 1500 多名"特优特困"学生获得资助。

三

密切部门协作，形成工作合力

预防和减少青少年违法犯罪，是一项综合治理的"系统工程"，是全党全社会的共同责任，必须汇聚各方力量，作出长期不懈的努力。江苏省关工委坚持党委领导、党建引领，加强同政法委等有关部门的协作配合，积极主动作为。一是深入调研。围绕做好"预减工作"和关爱保护青少年，由张连珍主任带队，先后到省委政法委、省法院、省检察院、省公安厅、省司法厅、省妇联走访调研，进一步密切协作。针对专门学校矫治工作这一干预体系建设中的"短板"，省关工委、省委政法委前往徐州、盐城、南京等地专门学校开展联合调研，协力推进这方面工作。着眼构建校家社协同育人机制，2024年省关工委启动"进万户"专项调研，共入户调研2.2万多户家庭，帮助解决青少年成长中的实际问题4500多个，形成调研报告190多篇。根据中国关工委要求，江苏省"进万户"调研工作被制成视频，在全国关工委工作会议上播放。二是建好阵地。省关工委大力推广南京做法，在公安派出所建立关爱工作站。在省公安厅党委的重视支持下，经过"三年提升年"，这项工作不断提质增效。目前，全省已建关爱工作站2212个，4700多名退休民警和一批在职民警、辅警参与其中，积极开展法治教育、社区矫正等工作。许多市不仅实现"应建尽建"目标，还将关工站建在交警大队、禁毒大队，甚至延伸到青少年集中的社会公共服务场所，涌现出一批功能优、管理优、成效优的关工站。2025年，将在巩固公安派出所关工站建设成果的基础上，积极支持和指导法院、检察院、司法系统基层关爱工作站建设，组织动员更多政法老同志参与到"预减工作"中来。三是筑牢基础。全省关工委深入贯彻中办、国办印发的《关于加强新时代关心下一代工作委员会工作的意见》及江苏省委办公厅、省政府办公厅印发的《关于加强新时代关心下一代工作委员会工作的实施意见》，建立"党建带关建"工作机制和关工委成员单位联席会议制度，扎实抓基层、打基础。会同省委组织部联合召开全省基层关工委建设推进会，省委分管领导出席会议并讲话。全省关工委组织达6万多个，省委政法委、省法院、省检察院、省公安厅、省司法厅均为省关工委联席会议成员单位，自上而下建立关工委。参加关工委工作的"五老"达66万多人，越来越多的政法老同志加入其中，为"预减工作"提供了有力支撑。

青少年违法犯罪是社会之痛，预防和减少青少年违法犯罪是社会治理之重。新时代新征程上，青少年违法犯罪呈现新特点，"预减工作"面临新情况。江苏省关工委将深入贯彻落实习近平总书记对江苏工作重要讲话精神和对关心下一代工作重要指示精神，按照"讲大爱、见真情、聚合力""抓根本、解难题、强基础"的要求，围绕预防和减少青少年违法犯罪不断探索实践，力争做出新亮点、取得新成效，为培育新一代江苏人、助力推进中国式现代化江苏新实践作出更大贡献。

深化"五老"志愿者参与社区矫正工作的对策与思考

湖北省司法厅关心下一代工作委员会

社区矫正作为具有鲜明中国特色的社会主义刑事法律制度,从诞生之日起就具备强制执行和社会工作两大属性,尤其是社会工作属性则彰显了其与监禁矫正的根本区别。围绕社会工作属性,湖北省各地关心下一代工作委员会和司法行政机关从矫治社区矫正对象行为、帮助他们重塑健康人格的目的出发,积极引导"五老"志愿者参与教育帮扶,积累了许多好的做法和经验,取得了较好的政治效果、法治效果和社会效果。为总结近几年全省各地"五老"志愿者参与社区矫正对象教育帮扶的生动实践,持续擦亮业已形成的特色品牌,省司法厅关心下一代工作委员会组成工作专班,采取问卷调查和实地调研相结合的方式,对全省"五老"志愿者参与社区矫正对象教育帮扶情况进行了一次深入的调研。现将调研情况及相应的对策建议报告如下。

一

"五老"志愿者教育帮扶社区矫正对象基本情况

"五老"志愿者参与社区矫正对象教育帮扶工作，不仅可以降低监禁成本，提高教育矫治质量，帮助社区矫正对象更快融入社会，而且在提高社会治理水平、减少重新违法犯罪、维护社会和谐稳定方面具有重要的作用。省司法厅关工委为进一步发挥"五老"志愿者的政治优势、资源优势和专业优势，在全省开展了社区矫正对象专题宣讲报告试点工作，成立了省司法厅"银发帮教团"，与省直机关关工委联合制定了《省直机关"五老"志愿者参与社区矫正工作试点方案》。武汉市、襄阳市、宜昌市、十堰市、黄石市、孝感市、天门市等地社区矫正机构按照"广泛动员、专群结合、共建共享、务实创新"的思路，主动与当地关工委联合开展"中华魂"主题教育读书活动，并积极探索"五老"志愿者参与社区矫正工作机制，初步形成了省、市、县三级关工委参与的社区矫正教育帮扶工作平台。据不完全统计，全省各级社区矫正机构共组织 1580 名"五老"志愿者结对帮教 35 岁以下青少年社区矫正对象，累计开展教育辅导 6000 余人次，覆盖全省青少年社区矫正对象的 60% 以上。

二

"五老"志愿者教育帮扶社区矫正对象的基本做法

"五老"志愿者参与社区矫正对象教育帮扶工作，既是各级党委发挥政治优势，组织、引导社会力量参与社区矫正工作的具体体现，也是"五老"志愿者充分发挥余热，最直接最具体最有效地参与社会治理工作的路径。

（一）健全参与机制，积极搭建"五老"志愿者参与社区矫正工作平台

各地社区矫正机构积极整合资源，主动协调关工委等群团组织就近就便参与社区矫正对象教育帮扶工作，并将其纳入基层社会治理体系，积极畅通途径、搭建平台，保障了"五老"志愿者参与社区矫正工作的顺利进行。

1. 建队伍

建立一支经验丰富、熟悉法律、甘于奉献的志愿者队伍，是各地首先着力的基础性工作。各地司法行政机关主动汇报，各级关工委积极协调，全省形成了分布广泛的"五老"志愿者队伍。特别是孝感市自 2011 年 9 月启动"五老"志愿者参与社区矫正工作以来，"五老"志愿者从最初的 96 名增加到现在的 950 名，建成全省规模最大、覆盖面最广、工作最规范有效的"五老"志愿者队伍。

2. 搭平台

很多地方在开展"五老"志愿者教育帮扶过程中，还建立了专业的、规范的工作平台，使帮教工作更正规化。武汉市洪山区司法局彭雪芬老同志长期工作在司法战线，退休后投身于社区矫正工作，成为一名社区矫正工作志愿者，并成立了"彭雪芬社区矫正工作室"。在她的带动下，4 名老干部也相继加入社区矫正工作志愿者队伍中来。为了充分发挥好"彭雪芬社区矫正工作室"的作用，洪山区司法局积极为她搭建平台创造条件，邀请资深专家讲授社区矫正工作业务、心理咨询服务技能、谈心交心技巧，并将老年人、女性、青少年矫正对象作为重点对象。工作中，彭雪芬与工作人员慢慢地摸索出了"思想上拉一把，心理上正一把，生活上帮一把，工作上扶一把"的矫正工作方法，有效帮助社区矫正对象打开心扉，重塑新人生。

3. 明任务

调研了解到，"五老"志愿者在参与社区矫正工作中做到了"五个明确"，即明确帮教对象、明确帮教对象的基本情况、明确帮教内容、明确帮教方法路径、明确帮教达到的效果。孝感市孝南区出台《关于组织"五老"人员参与矫正工作的实施方案》，明确结对帮教"十二条"基本任务，成立社区"五老"工作室，建立"五老"志愿者信息库，实行定期走访、集体会商和联席会议制度，制定"一对一"矫正方案，确保社区矫正工作卓有成效。

（二）完善工作体系，不断提高"五老"志愿者参与社区矫正工作质效

在长期的实践探索中，围绕湖北省"五老"志愿者参与社区矫正工作，逐渐形成了一套系统完善的工作体系。

1. 梳理情况，形成有效的结对帮扶

"五老"志愿者根据各县（市、区）司法局提供的社区矫正对象名单，先由县（市、区）关工委按照居住地将其分解到各乡镇街道，再由当地关工委采取"一对一"或"多对一"方式，安排"五老"志愿者与其结对。"五老"志愿者深入了解帮扶对象的家庭情况和矫正表现，并向监护人交任务、交责任、教方法，做到内外结合，形成帮教合力。

2. 精准分类，引导"五老"发挥优势

各地社区矫正机构和各级关工委通过走访调查，召开座谈会、研判会等形式，深入了解"五老"志愿者所擅长的领域，集体分析辖区社区矫正对象基本情况及犯罪类型，结合"五老"志愿者的工作经历、知识结构、专业特长、资源优势，制订针对性的帮教工作任务清单，为不同需求的社区矫正对象提供政策法律咨询、就业培训、思想引导、特困帮扶等支持。

3. 丰富形式，思想教育重塑价值观

各地社区矫正机构依托县（市、区）联动工作机制，利用市级的资源优势，围绕法治、道德、社会主义核心价值观等内容，动员更多的"五老"志愿者面向社区矫正对象开展丰富多样的专题学习和教育活动，对矫正对象进行法治、道德等教育，激发其内在道德素质和悔罪意识，消除可能重新犯罪的因素。

4. 心灵关爱，促进青少年健康成长

社区矫正对象一般对外界充满了抗拒和排斥，不易融入社会。许多"五老"志愿者有丰富的从事法律、教育、心理辅导工作的经历，能够为社区矫正对象把脉诊疗，通过心理评估、亲情回顾、畅想未来等教育感化失足青少年。

5. 困难帮扶，技能培养开启新生活

帮助解决社区矫正对象的就业问题，是社区矫正的重要任务之一，也是夯实社区矫正效果的重要保障。在这个方面，"五老"志愿者有着丰富的社会资源和政策优势。如社区矫正对象唐某，曾经是一位在校学生，以前学习成绩还不错，因一时糊涂走上违法犯罪道路，在接受社区矫正后，得益于"五老"志愿者

的帮助，唐某学习了烹饪手艺，开办了一家小餐馆，重新燃起了对生活的希望。

据不完全统计，经"五老"志愿者帮助，共有196名符合条件的社区矫正对象申请低保、廉租房，为427名社区矫正对象解决了就学难、就业难等问题，使其顺利融入社会。

（三）注重经验总结，有效推进"五老"志愿者参与社区矫正工作发展

近几年，江苏省"五老"志愿者参与社区矫正工作在社会治理现代化建设中发挥了越来越重要的作用，"五老"志愿者参与社区矫正对象教育帮扶工作取得了一定的成绩，也形成了一定的品牌效应。

1. 打造"中华魂"读书品牌，助社矫对象立德塑魂

自2018年以来，江苏省在35岁以下社区矫正对象中开展了"中华魂"主题教育读书活动。活动中，各地社区矫正机构注重引导"五老"志愿者深度参与，采用多种方式，帮助社区矫正对象在读书中促进学习、在征文中促进悔过、在演讲中重树信心。"五老"志愿者通过宣传党史、国史，向社区矫正对象传递正能量，有效地激发了社区矫正对象的爱党爱国情怀，提升了他们自我教育、自我矫正的动力和积极性。

2. 推广"双认领"工作模式，实现教育帮扶精准化

"双认领"是孝感市孝南区创建的一种有效的教育帮扶工作模式，是在社区建立志愿者帮教认领和矫正对象公益劳动认领双向选择、良性互动的机制，即在社区建立信息发布平台，及时公开社区矫正对象需要帮教的信息和社区公益活动项目，社区志愿者结合自身所长认领帮教社区矫正对象，社区矫正对象根据自身能力认领社区公益劳动和服务事项，实现志愿者和社区矫正对象双方需求无缝对接，搭建起社区矫正对象顺利回归社会的"连心桥"。"双认领"工作机制运行以来，孝感市孝南区参与认领社区矫正对象的志愿者从最初的13人增加到现在的234人，覆盖全区17个司法所，结对帮扶对象400多名。

3. 探索"四联动"工作机制，形成参与渠道社会化

为推动社区矫正工作社会化发展，践行共建共治共享理念，武汉市汉阳区社矫局积极整合社会资源，与汉阳区关心下一代工作委员会等单位联合探

索"四联动"工作机制，即以区级社区矫正机构为主体，构建社区矫正工作者与社会组织、社会工作者、社区志愿者的联动队伍。自联动队伍组建以来，汉阳"五老"志愿者队伍不断丰富教育内容，创新教育形式，以亲和力、感染力、影响力和人格魅力，晓之以理、动之以情、导之以行，润物无声，教育感化社区矫正对象，帮助他们学党史、明国情、知党恩，为社区矫正教育工作培厚了"营养沃土"。

三

"五老"志愿者参与社区矫正工作的几点启示

针对新时期"五老"志愿者参与社区矫正工作面临的新形势和新问题，迫切需要从强化党建引领、创新工作机制、壮大工作队伍、提升工作能力、保障工作经费和激励表彰等方面着力，进一步整合各方资源，为"五老"志愿者参与社区矫正工作提供坚强有力的保障，促进"五老"志愿者参与社区矫正工作高质量发展。

（一）必须加强党的全面领导，实现"党建带关建"

坚持党对一切工作的领导这一核心，扎实推进"党建带关建"。一是强化组织领导。各级各单位要把基层关工委建设纳入基层组织建设内容，积极支持关工委工作，保证关工委工作的高效运转。二是强化组织建设。基层关工委和"五老"志愿者队伍要做到应建尽建，并及时调整各级关工委组成人员和充实"五老"志愿者队伍。三是强化示范带动。要进一步细化和拓展"五好"关工委创建工作，做到思想认识、组织领导、统筹协调、关心支持、措施落实"五到位"，为"五老"志愿者发挥作用提供有力支撑。

（二）必须创新帮教工作机制，构建参与新格局

积极探索建立"上下结合、区域联合、条块整合"的机制，不断健全完善社区矫正机构、"五老"志愿者、村（社区）"三位一体"的多层次多元化

社区矫正对象教育帮扶体系，形成"平台共建、信息共通、帮扶共享"的社区矫正对象教育帮扶新格局。一是坚持围绕中心、服务大局。着眼服务党和国家事业发展全局，不断提高站位、坚定方位、找准定位，让"五老"参与社区矫正工作，在"有作为"中实现"有地位"。二是坚持以人为本、帮扶为先。探索教育帮扶的新途径新办法，不断提供优质高效的个性化、亲情化教育帮扶。三是坚持实事求是、积极稳妥。从"五老"的实际出发，把握好帮扶的时机、节奏和频率，充分发挥老同志的政治优势、经验优势、威望优势。

（三）必须不断壮大"五老"队伍，拓展帮教覆盖面

按照"立足社区、本人自愿、就近就便"的原则，各级关工委要充分激发"五老"志愿者的主观能动性，搭建多种形式的关心教育青少年活动平台。一是通过宣传发动，在辖区范围内，将75岁以下、责任心强、身体健康、志愿服务积极性高的"五老"志愿者信息录入社区矫正"五老"志愿者基本信息库。二是鼓励"五老"志愿者发挥自身的经验、技能等优势，认领适配的帮教对象。三是安排"五老"志愿者多方式、多途径、多渠道地参与社区矫正工作，让更多的社区矫正对象得到教育帮扶。

（四）必须形成帮教工作合力，确保取得新成效

各级关工委和社区矫正机构要密切协同相关职能部门，积极与有关部门协调配合，实现资源共享、活动共谋、工作共进，形成强大工作合力。一是以司法所为纽带，联合村（社区）党群服务中心设立社区矫正心理咨询室，延伸"五老"志愿者社区矫正服务。二是以具有一定法律知识的"五老"志愿者为班底，联合区域内资质优、信誉好的律师事务所，在各个乡镇司法所设立社区矫正法律服务点，为社区矫正对象免费提供法律咨询和服务。三是以筑牢社区矫正工作"第一道防线"为目标，联合村（居）民委员会定期收集"五老"志愿者在教育帮扶过程中发现的问题，及时消除不稳定因素，维护社区矫正监管安全。

实施"春风"行动 力促"浪子回头"

——湖南省关工委系统开展"春风化雨"特别关爱行动情况调查

湖南省关心下一代工作委员会 ————————————

多年来，我们坚持把帮教失足青少年工作摆在重要的位置。2025年，根据省委、省政府和中国关工委的重要指示精神，在全省关工委系统开展以教育转化有严重不良行为未成年人为主要内容的"春风化雨"特别关爱行动（以下简称"'春风'行动"）。各级关工委以习近平新时代中国特色社会主义思想为指导，按照一年初见成效、三年大见成效的目标，在广泛调研、摸清底子的基础上，制定了具体的实施方案，推出了一系列举措。2024年11月初，省关工委在平江县召开了"春风"行动现场推进会。目前，这项工作取得积极进展。据不完全统计，近年来，全省关工委系统以各种形式累计帮教有严重不良行为未成年人34893人，转化27013人，转化率为77.4%；其中2024年以来，共帮教10132人，转化8018人，转化率为79.1%。

一

提高政治站位，强化责任担当

"春风"行动推出后，各级关工委在更高的起点上统一思想认识、强化责任担当。

统一思想认识，主要是引导各级关工委和广大"五老"站在战略和全局的高度，充分认识教育、转化有严重不良行为未成年人所凸显的"三性"。一是通过分析极少数有严重不良行为未成年人发展到违法犯罪给个人及其家庭带来的不幸和给社会、国家造成的祸害，倾听人民群众迫切要求党和政府采取措施挽救失足者的强烈呼声，认识到教育转化有严重不良行为未成年人的极端重要性。二是通过研判青少年犯罪仍然突出，特别是个别犯罪行为手段、情节极为恶劣的现状，认识到挽救失足青少年的黄金期（青少年时期）十分有限，一旦其"三观"定型再去抓就难上加难、为期已晚这一规律性现象，明确教育转化有严重不良行为未成年人工作的紧迫性。三是通过审察失足青少年的心理特征、情感障碍，预判帮教他们的起始阶段，可能发生不予配合，甚至抵制、抗拒等情况，认识到开展这项工作的艰巨性。许多同志说，难度越大的事，往往越有意义，越能考验和激发我们的智慧和能力。

强化责任担当，主要是针对少数同志认为关工委不同于党政机关和司法部门，既没有行政权，又没有执法权，教育转化有严重不良行为未成年人难有作为的心理，引导大家理论和实践相结合，认清关工委和广大"五老"在教育转化有严重不良行为未成年人上的"三有"。一是对标习近平总书记对关心下一代工作的一系列重要指示，特别是对关工委和广大"五老"的殷殷嘱托，对标中办、国办《关于加强新时代关心下一代工作委员会工作的意见》提出的"关工委要履行好未成年人保护法、预防未成年人犯罪法规定的法定职责""组织'五老'参与预防、减少青少年违法犯罪工作和未成年人司法保护工作，发挥其在帮教失足青少年工作中的独特优势"要求，认识到帮教失足青少年，关工委和"五老"有重大责任，可谓义不容辞、责无旁贷。二是分析"五老"在政治、经验、威望、时空等方面的突出优势，以及关工委作为具有中国特色的一项制度性安排，我们党发挥"五老"优势、加强青少年思想政治工作的一个创举，作为一个纵向到底、横向到边且具有较强组织力、凝聚力、宣传力、号召力、影响力的组织系统，在挽救失足青少年工作中所能释放的特殊能量，认识到教育转化有严重不良行为未成年人，关工委和"五老"有独特优势，可以发挥不可替代的重要作用。三是总结各地多年来教育转化失足青少年的一批典型案例，认识到关于教育转化有严重不良行为未成年人，关工委和"五老"有成功实践。许多"五老"表示，实践最有说服力，在教育转化有严重不良行为未成年人问题上，我们关工委和"五老"虽然不是主导力量，却是一支不可或缺的重要力量。大家纷纷表示，这件事既是家之大事，更是国之大事，关工委和"五老"不仅不能缺席，而且要彰显更大的作为、做出更大的贡献。

二

积极创新，打通和拓展参与帮教的具体路子

在实践中，各级关工委打开思路，积极创新，探索了参与教育转化有严重不良行为未成年人的多种途径。

（一）积极协助专门学校做好教育转化工作

专门学校是教育、矫治、转化有严重不良行为未成年人的主渠道、主阵地。各地关工委主动作为，从多方面配合专门学校做好教育、转化工作。一是组织德高望重的"五老"进学校做宣讲。不少地方关工委与专门学校密切合作，根据学生思想动态，不定期委派有威望、有经验、有知识的"五老"到学校做宣传、讲故事，联系他们个人的成长经历，谈人生意义；结合典型案例，讲法治，取到了较好的效果。二是配合专门学校做家长的工作。孩子的问题，绝大部分与家庭有关。在一定意义上讲，教育家长比教育孩子更加重要。做家长的工作，"五老"更具优势。他们与家长之间经历相似，没有"代沟"，有共同语言，更好沟通，加上"五老"往往有着丰富阅历和经验，

做家长的工作，其办法比较多。调研发现，很多失足青少年的转变，很大程度上得益于家长的转变。而家长的转变，很大程度上得益于"五老"所做的工作。三是充分运用"五老"的经验和智慧，为办好专门学校出谋划策。不少专门学校注重借助"外力"，经常和关工委及其他部门联系，听取他们对办学的建议。在对衡阳市刚刚创办的专门学校的调研中，校领导反映，市关工委主任谢宏治等同志针对学校的办学理念、校园文化建设、校园管理等提出了很多有价值的意见和建议，对他们办学很有帮助。

（二）积极配合有关部门开展嵌入式教育、转化工作

教育转化有严重不良行为未成年人，政法、公安、检察、司法、民政、妇联、共青团等部门和组织承担着不同的任务。各级关工委应密切配合他们，开展嵌入式教育，发挥补充和助力作用。比如，益阳市赫山区司法局在进行社区矫正工作时，动员司法队伍中的"五老"和当地有专业知识、德高望重的"五老"参与其中，形成了教育、矫治的强大合力。2023年以来，他们接收未成年人社区矫正对象23人，已完成矫正20人。湘西自治州花垣县关工委积极配合县司法局对有严重不良行为未成年人开展教育培训，收到良好效果。

（三）直接推动或参与有关社会机构开展教育转化工作

原来全省由政府主办的专门学校不多，远不能满足社会的需求，为此，一些社会知名爱心人士经有关部门批准，牵头办起了专门招收、教育有严重不良行为未成年人的机构。这些机构作为专门学校的补充，在教育转化失足青少年方面起到了积极作用，有的已经或正在转由政府主办。这些机构有些是由关工委推动创办的，有的主动联系关工委人员参与他们的一些重要活动，以起到把关、指导作用。比如，慈利县关工委协助心理咨询师、社会爱心人士曹必荣于2007年创办张家界施恩青少年辅导中心，县关工委派员常驻中心开展帮教工作，一批"五老"积极参与帮教活动。

（四）动员一批德高望重的"五老"采取结对方式帮教重点对象

比如，邵阳市邵东县王胜伯在 20 多年前从教育岗位上退下来后，把心血倾注在帮教特殊青少年群体上，采取结对方式，以超常的耐心和毅力教育转化 1100 多个有不良行为的孩子，包括 5 个聚众吸毒的孩子和 110 多个有其他严重不良行为的孩子。这种帮教形式的好处是，帮教者和被帮教者固定，便于深入了解对方，特别是有利于帮教者走进被帮教者的内心世界。

（五）建立"几帮一"帮教机制

平江县最先探索了这种帮教模式。2022 年，结合"利剑护蕾"专项行动，县委决定加大预防青少年犯罪工作力度。为此，成立了若干专门小组，其中一个小组由县关工委牵头，协同有关部门，对未进入专门学校、分散在各地的有严重不良行为的未成年人进行教育转化。县关工委与公安、教育等部门精心谋划，在深入调研、摸清底子的基础上，提出了建立"四帮一"机制的构想，即针对每个帮教对象确定一名民警、一名教师、一名社区（村）干部、一名"五老"进行"四对一"帮教。两年多来，分三批帮教重点对象 147 名，已转化 141 名，转化率达 96%。目前，全省各地都在推广这种帮教模式，有的还发展为"五帮一""六帮一"。这种模式之所以有效就在于几个帮教主体各具知识和经验优势，"几帮一"既让他们能各展其长，又紧密配合，克服了单个帮教者知识和经验不全面的局限，形成了强大的合力。

（六）把大量工作做在建立前置预防机制上

有严重不良行为的未成年人毕竟是极少数，但有一般不良行为的青少年却不少。抓好这部分孩子的教育，是遏制有一般不良行为孩子向有严重不良行为孩子转化、预防青少年犯罪的重要基础性工作。这方面，各级关工委和"五老"发挥着更大的作用。这些年来，各地对此下了很大的功夫。

三
锚定重点环节发力，提高帮教工作的科学性和精准度

（一）用真情大爱治愈受伤的心灵

爱是教育的灵魂，是治愈心病最有效的良药。各地在教育转化有严重不良行为孩子的过程中，首要的就是把真情大爱毫不保留地倾注到这些孩子身上，通过无微不至的关怀、掏心掏肺的交流、不厌其烦地开导，用爱的甘露，消解堆积在孩子心中的怨恨；用爱的春风，唤醒孩子枯萎的感情；用爱的阳光，捂热孩子结冰的心灵。比如，长沙市孟繁英2006年创办社区青少年禁毒教育基地，2008年创建民间社团"长沙孟妈妈青少年保护家园"，成功探索出一条拟制亲情教育的路子，既对服刑青少年开展监内帮教，又对刑释青少年进行跟踪帮教，共转化2000多名失足青少年。孟繁英本人，把每一个失足孩子当成自己的孩子，以无私的母爱治愈他们受伤的心灵，成为上千个孩子的"孟妈妈"。

（二）坚持靶向施策、强化细化措施

青少年失足，原因是多种多样的。有家庭不健全或发生变故，从小缺爱失教的因素；有学校管理不到位，长期遭受校园欺凌的因素；有交友不慎，或者受社会特别是互联网负面宣传影响的因素；有承受多方面过大压力，导致心理不健康的因素，等等。基于此，各地在抓教育转化时，应摒弃简单化、采用同一模式的做法，坚持"一把钥匙开一把锁"，耐心倾听每个孩子的想法，详细了解每一个孩子的基本信息，细心观察每一个孩子的喜怒哀乐，时刻洞察每一个孩子微妙的心理变化，根据每个孩子的具体情况，包括性格偏好、心理状况、家庭背景、成长环境、困惑需求，特别是失足的具体原因，有针对性地开展工作，做到靶向施策、精准施教。

（三）运用最正确的教育方式

一是打好教育"组合拳"。坚持思想道德教育、法治教育、心理健康教

育、感恩教育、生命教育等齐发力。二是以孩子最容易接受的方式进行教育。各地在帮教过程中，注重引导"五老"以朋友的姿态倾听孩子的心声，用孩子觉得舒服的方式与他们平等交流，注重把抽象的教育形象化、具体化，特别是致力于用情感的力量打动和感染他们，做到言必有情、行必带情，既注重帮助孩子消除思想上的疙瘩，又注重帮助孩子解决生活、学习上的困难，努力用真情换取真情、用真诚换取真诚。三是注重维护帮教对象的尊严，特别是善于发现他们身上的亮点。每个孩子身上都有着不易察觉的天赋和优势，有严重不良行为的孩子同样如此。基于此，各地在帮教过程中，要十分注意维护他们的尊严、保护他们的隐私，特别是善于发现他们身上的优点，注重放大他们的闪光点，努力找到他们的天赋和优势，让他们在最擅长的领域取得成就。

（四）聚集合力，协同发力

首先，家校社形成合力。构建三方全面贯通、无缝对接的关爱教育链。特别是注重开展亲子教育，提高孩子父母或其他监护人的监护意识和家庭教育能力。其次，线上线下形成合力。各级关工委在做好线下关爱教育的同时，积极协助党委政府开展网络清朗行动，遏制黄赌毒等不良信息传播和网络暴力等。最后，做好结合文章。把教育转化工作与学习贯彻《未成年人保护法》、"关爱明天、普法先行"青少年法治宣传教育、"利剑护蕾"专项行动等结合起来，从整体上营造良好的教育环境和氛围。

四
几点建议

在调研中，有的地方和专门学校的同志，就如何进一步抓好教育转化有严重不良行为的未成年人工作，提出了一些意见建议。归纳起来，主要有以下几点。

请各级党委政府进一步加强领导。教育转化有严重不良行为未成年人工作是一项长期且艰巨的系统工程，必须在党委政府的统一领导下，全社会共同努力、协同发力。建议各级党委政府进一步加大力度，进一步强化部门责任，进一步健全协调机制，形成抓教育转化工作的强大合力。

加大专门学校建设力度。要搞好顶层设计，完善办学制度，加大政策支持和保障力度，研究支持学员结业后升学、就业等的有关政策措施。

加强对专门招收、教育有严重不良行为未成年人的民办机构的领导。抓紧制定规范化管理措施，包括引导其中一些机构有序转为公办的支持政策。

小切口　大融入

——探寻关工委和"五老"参与社会治理创新的有效方式

四川省成都市关心下一代工作委员会 ────────────

党的十八大以来，党中央从战略和全局高度推进理念、制度、实践创新，推动社会工作实现历史性变革和整体性重构，开创了"中国之治"新局面。关工委作为群众性工作组织，依托各级党组织，健全基层组织网络，积极参与社会治理创新。成都市各级关工委结合行政区划调整，动员近 10 万"五老"志愿者，融入基层治理，助力家庭、学校、社会协同育人，取得良好社会效果。

党的二十届三中全会为新时代社会工作高质量发展指明了方向。我们深入学习全会精神，积极思考如何更好地将党的领导和制度优势转化为社会工作效能，为强国建设营造良好的社会环境。

一

新时代对关工委和"五老"参与社会治理创新提出新要求

新时代社会结构发生深刻变化，群众需求日益多元，新经济组织和新就业群体大量涌现，互联网和新技术的普及改变了社会交往方式。这些变化给社会治理带来了新问题、新挑战。成都市作为超大城市，经济总量超 2 万亿元、常住人口超 2100 万，已迈入超大城市的行列，社会关系复杂，利益诉求多元，矛盾纠纷易发多发。面对新形势，成都市各级关工委和"五老"如何找准发力点和落脚点，有效发挥自身作用，协调多元社会主体力量，以社区（村）居民为中心，让青少年和群众满意，成为亟待解决的新课题。从理论高度来看，新时代社会治理创新要求关工委和"五老"坚持系统思维，将自身工作融入国家治理现代化的大格局。以党建为引领，充分发挥"五老"在德高望重、经验丰富等方面的优势，通过组织创新、机制创新和方式创新，探索适应超大城市特点的社会治理模式。同时，要坚持以人民为中心的发展思想，聚焦青少年成长需求和社区居民实际问题，以精准化、精细化的服务回应群众期待，推动社会治理传统模式的现代化转型。

二

从实践中找寻关工委和"五老"参与社会治理创新的发力点和落脚点

面对超大城市社会治理的新形势，关工委和"五老"通过实践探索出了精准发力的路径。以蒲江县"五老"调解队为例，他们聚焦群众身边的"小事"，如农田边界纠纷、小区设施问题等，将其视为关乎群众切身利益的大事。凭借熟悉当地风土人情且德高望重的优势，"五老"调解队采取灵活的方式化解矛盾，不仅减轻了司法压力，还助力社会和谐稳定。蒲江县已建立 92 支"五老"调解队伍，覆盖率达 98.7%，2022 年以来调解成功率达 96% 以上。此外，成都双流、彭州、郫都等地也纷纷成立"五老"调解队或相关机构，有效化解矛盾纠纷，保护未成年人权益。

从蒲江等地的实践来看，群众和青少年的满意是关工委和"五老"参与社会治理创新的出发点和落脚点。只要始终把群众和青少年的呼声作为第一信号，把他们的需要作为第一选择，把他们的满意作为第一标准，充分保障其利益、尊重其意愿、发挥其积极性，关工委和"五老"就能在社会治理创新中保持主动性、创造性，不断夯实根基、充实血脉、壮大力量。

三

对准小切口探寻融入社会治理创新的有效途径

党的二十大报告强调坚持和发展新时代"枫桥经验"，其核心在于通过小切口推动大融入，实现基层治理的全面提升。成都市各级关工委"以党建带关建"，聚焦超大城市治理难题，依托基层关工委组织和"五老"队伍，对准"微网实格"体系，助力打造"一站式"解纷中心，推进诉源治理，探寻融入社会治理创新的有效途径。

（一）把准党建引航"方向盘"

基层党组织是社会治理创新的基础。成都市通过"微网实格"体系，将全市网格细化为微网格，构建区域统筹、条块协同、共建共享的治理格局，实现"人在网中走、事在格中办"。各级关工委和"五老"围绕"微"处着手、"实"处发力，融入微网格治理，收集社情民意，化解矛盾纠纷，打通基层治理"最后一米"。蒲江、青羊、锦江等地关工委充分调动"五老"的积极性，以微网格员的身份发挥示范带动作用，做到"矛盾不上交、平安不出事、服务不缺位"。实践证明，这种工作导向进一步密切了党同人民群众的联系，助力推动治理资源力量落实到基层一线，对增强党的向心力、凝聚力、号召力，厚植党建引领基层治理的群众基础，实现超大城市的深耕善治起到了积极作用。

（二）守牢社会治理"主阵地"

"五老"工作室是关工委参与社会治理的枢纽。青羊区"五老"张兰依托工作室平台，成立志愿服务队，定期开展问需入户计划，解决难点痛点问题。锦江区打造"五老"工作室，创新工作方式，拓展活动载体，发挥"五老"优势。成都各级关工委本着务实管用的原则，依托镇（街道）、村（社区）综治中心，成立"五老"调解工作室，实现"一室多用、资源共享"，选拔"品行好、威望高、能力强、素质优"的"五老"调解队员，优化队伍组成。近年来，全市创建"五老"工作室 107 个，在关心关爱、家庭教育、法治宣教等方面发挥积极作用，提升基层社会治理效能。

（三）夯实和谐稳定"压舱石"

成为一名合格的"五老"调解队需要掌握法律政策，且善于情理交融。蒲江县关工委建立上下联动、内外结合的长效机制，推动"五老"调解工作室优势互补，促进矛盾纠纷预防化解。调解贯穿于纠纷处理全过程，方式灵活多样，善用乡风民俗，提炼"土方法"，有效化解矛盾。同时，"五老"调解队在校园安全、法治宣传及预防青少年犯罪方面发挥着重要作用，以第三方力量化解校园纠纷，呵护青少年健康成长。

（四）完善激励保障"稳定器"

打造一支"拉得出、冲得上，化解得了、处置得好"的"五老"调解员队伍，是确保"五老"调解工作室高效、规范运行，优化队伍结构，提升工作效率和影响力的重要保障。成都市各级关工委在加强"五老"队伍建设上，进一步完善培养、评价、使用、激励机制，健全系统完备、科学规范、协同高效的志愿服务制度和工作体系，充分发挥"五老"志愿者在提供服务、反映诉求、化解矛盾等方面的独特优势。

以郫都区为例，关工委"五老"志愿者张太康于 2018 年 4 月与 4 名退休党员干部在奎星楼社区成立和谐解忧老党员工作室，以调解家庭纠纷、邻里纠纷为主，逐步解决一些遗留问题。工作室自成立以来，共调解矛盾纠纷 200 余件，开展法律大讲堂活动 10 次，宣讲党的政策 18 次，有效营造了和谐的社会氛围。高新区关工委以"老"优势展现"新"作为，积极为"五老"人才发挥优势搭建平台，采取阵地复用的方式依托老党员工作室共建"五老"工作室，引导"五老"志愿者发挥余热，关心关爱青少年，形成良好的治理新风尚，有效提升基层治理能力。

蒲江县关工委的做法值得借鉴。一是以学习促长效。针对调解工作受理、调查、主持调解，以及制作调解协议书、申请司法确认、回访等方面，采取以会代训、现场观摩庭审、调解经验总结交流等方式，组织"五老"调解员参加业务培训，在培训和交流中提升"五老"调解员的能力和水平。二是以管理促长效。出台《"五老"调解员管理办法》《联席会议制度》等规章制度，规范选聘、管理、培训等工作，健全有机衔接、相互协调、高效便捷的工作机制，从制度层面推动"五老"调解工作室机制常态长效。对一些疑难复杂案件，"五老"调解队邀请法官、人民调解员给予指导或共同参与，着力化解纠纷。三是以激励促长效。基层党委政府以各种形式支持"五老"调解工作。例如，鹤山街道开展"五老"调解员评选活动，表扬先进；成佳镇给"五老"调解队员购买人身意外伤害保险；县法院、县司法局将政治素质好、业务能力强的"五老"队员，有序纳入人民陪审员、人民调解员队伍，最大限度发挥其作用。

做好社会治理工作是一个长期的过程，要从小切口融入大治理。我们经过长期的实践进一步认识到，做好这项工作要弘扬"五老"精神、发挥"五老"优势，贴近实际、贴近生活、贴近青少年，关注青少年成长成才中出现的问题，把矛盾解决在基层和萌芽状态，不断增强社会管理的前瞻性、主动性、有效性；夯实社会治理创新的组织基础，把关工委工作延伸到社区、农村、企业、学校等基层单位，逐步解决基层建设中的薄弱问题，健全组织网络，按照自觉自愿、就近就地原则，以情感人、以情留人，不断发展和壮大"五老"队伍；整合社会治理创新的社会资源，创新社会治理方式和手段，引导社会各方积极有效地参与社会治理服务，形成推动社会和谐发展、保障社会安定有序的合力，为青少年的健康成长营造良好的社会环境；完善社会治理创新机制，主动配合政府拓宽社区民意表达渠道，着力解决好群众反映强烈的民生问题。

在新时代的浪潮中，成都市各级关工委和"五老"以小切口推动大融入，以微网格汇聚大能量，以真情实意化解矛盾纠纷，以制度保障激发队伍活力，为构建和谐稳定的社会环境贡献了智慧和力量。这不仅是对"枫桥经验"的生动践行，更是对党同人民群众血肉联系的深刻诠释。在新征程中，关工委和"五老"将继续坚守初心，以务实的行动和创新的精神，为社会治理现代化书写更加精彩的篇章，为实现强国建设筑牢根基、凝聚人心。

擦亮云南未成年人司法保护项目工作品牌

云南省关心下一代工作委员会

未成年人是祖国的未来、民族的希望。改革开放以来，国际国内形势发生了深刻变化，既为未成年人的成长带来了新的机遇，也带来了诸多严峻挑战。随着全球化深入与数字化进程加快，未成年人接触的信息更加多元，其中部分不良文化、错误价值观以多样形式传播渗透。同时，网络环境的复杂性、社会竞争压力等因素相互交织，使未成年人面临的成长环境更趋复杂，其身心健康与价值观塑造面临新考验。

未成年人违法犯罪问题不仅使年轻人的人生蒙上了阴影，而且对其家庭造成了伤害，还影响社会和谐稳定。如何有效预防和减少未成年人违法犯罪、怎样教育挽救涉罪未成年人，是关心下一代工作亟待解决的重要课题。省关工委积极主动应对这个课题，在省委、省政府的有力领导和相关部门的支持配合下，顺应时代需要，积极探索预防和减少未成年人违法犯罪、帮教挽救涉罪未成年人的新途径，2011年，省关工委在昆明市盘龙区开展未成年人司法保护项目试点，并取得初步成效。一方面，有效降低未成年人发案率30%以上，分流出的涉罪未成年人经过"五老"（老干部、老战士、老专家、老教师、老模范）热心帮教矫治，重新走上人生正轨。另一方面，通过项目试点，对开展未成年人司法保护项目的组织领导和工作机制进行了有益探索，组建以"五老"为主体的项目日常工作班子和队伍，发挥"五老"优势作用，减少了项目工作的人员行政成本。2014 年，全省十个部门联合印发关于开展未成年人司法保护项目的意见。2017 年，省关工委在全省推广这一项目。

一
聚焦重点，打好项目实施"组合拳"

十余年来，我们紧扣关键环节抓工作，在实践中开拓创新、建章立制，构建起项目实施的高效工作格局，努力把未成年人司法保护项目打造成具有鲜明云南特色的工作品牌。

提高思想认识。采取召开会议、举办培训班以及调研指导等方式，组织各地认真学习国家未成年人保护法、预防未成年人犯罪法、刑事诉讼法等法律法规，学习党中央关于预防未成年人违法犯罪的重要部署以及省委、省政府的相关工作要求，充分认识开展未成年人司法保护项目工作的重要意义，为开展好未成年人司法保护项目工作打牢思想基础。

科学制定目标。明确规定了未成年人司法保护项目的 5 项主要工作任务，即开展普法教育、依法参与办案机关诉讼活动、开展涉罪未成年人社会调查、向办案机关提出建议、对分流出的涉罪未成年人帮教矫治，具有可操作性。

建立组织机制。省、州（市）建立以党委政法委书记或副书记为组长，关工委和政法委 1 名领导为副组长，公安、检察院、法院、司法、教育、民政、团委、妇联 1 名领导为成员的未成年人司法保护项目指导小组，县（市、区）设立项目领导小组，建立健全政法委领导、多部门协作配合的未成年人司法保护项目领导体制和工作机制。

加强队伍建设。组建以"五老"群体为主体、专业人员为辅助的合适成年人工作队伍，每年举办1~2期未成年人司法保护项目工作培训班，紧紧围绕为什么做项目、项目做什么、项目谁来做、如何做项目等开展培训，先后培训1200余名专兼职工作人员，编印6本项目工作指导手册印发各地学习使用，使项目专兼职工作人员切实掌握相关法律、政策、工作程序以及方式方法等要求，不断增强工作实效。

建立保障机制。明确各级项目办公室工作经费，其中县（市、区）年度工作经费不少于12万元，并由初期从同级综治维稳经费中支出，过渡到了全部纳入当地财政预算予以保障。加大工作检查督促力度，建立项目年度工作考核制度，对项目工作进度和成效进行年度评估，评估工作虽不打分、不排名、不通报，但可找出差距、改进工作。

二

砥砺奋进，交出项目亮眼"成绩单"

十余年来，全省未成年人司法保护项目工作实现高质量发展，为未成年人健康成长创造了良好的法治环境，成为党政机关、社会各界和家庭公认的"民心工程"。

坚持源头治理，筑牢青少年遵纪守法意识。十余年来，共开展法治和思想道德教育活动30余万场次，受教青少年达3211万余人次，促使未成年人从小树立良好的思想道德和法纪意识，扣好人生的第一粒扣子，从源头上预防未成年人违法犯罪行为。

积极参与诉讼活动，维护未成年人合法权益。在全国率先推行合适成年人制度，按照刑事诉讼法有关规定，未司办人员以合适成年人身份，依法参与办案机关对涉罪未成年人的有关诉讼活动，为其提供法律服务和帮助，切实维护了涉罪未成年人的合法权益。十余年来，各级共派员参与对涉罪未成年人的讯问5万余人次，参加对未成年被告人庭审活动5280次。

开展社会调查，提出分流建议。对未成年犯罪嫌疑人、被告人的家庭背景、成长经历、犯罪原因、悔罪情况、监护教育条件等进行认真调查。十余年来，共对 12266 名未成年人犯罪嫌疑人、被告人进行社会调查，提出翔实的社会调查报告，经过综合分析研判，对涉罪未成年人向办案机关提出了分流建议。

热情帮教矫治，点亮涉罪未成年人"归航灯"。对办案机关分流出来的涉罪未成年人，在不脱离学校、家庭、社区的环境下，采取"一对一""二对一"等方式，通过思想教育、心理疏导、组织参加公益活动，以及对就学、就业、生活上有特殊困难的进行帮扶等多种措施，热情耐心地开展帮教矫治，重新走上人生正道。2013 年全省法院判刑人员中未成年人占 9.03%，2023 年降至 2.56%。

在十余年的未成年人司法保护项目工作实践中，我们收获了五点启示：一是坚持党委、政府领导，是做好项目的根本保证；二是建立体制机制、完善制度，是项目顺利实施的基本条件；三是坚持大胆创新、勇于实践，是项目不断完善的关键所在；四是坚持依法办事、主动作为，是项目可持续发展的保障；五是坚持初心使命、甘于奉献，是做好项目的力量支撑。

三

久久为功，精耕项目未来"保护田"

新时代新征程上，未成年人司法保护项目任重道远。我们要顺应时代需要，坚持和拓展工作，不断探索预防和减少未成年人违法犯罪、帮教挽救涉罪未成年人的新途径。

筑牢认知新高地。始终坚持以习近平法治思想为根本遵循，深入学习贯彻习近平总书记关于关心下一代工作的重要指示批示精神，深入学习贯彻党中央关于保护未成年人健康成长、预防未成年人违法犯罪的决策部署及省委、省政府工作要求，不断深化对未成年人司法保护项目工作重要性的认识。充分认识社情、民情、文化以及青少年教育引导和关爱保护面临的形势，进一步增强做好关心下一代工作的历史使命和责任担当，做好未成年人司法保护项目工作。

锚定工作新坐标。始终坚持围绕中心、服务大局，把贯彻落实省委、省政府关于预防和整治涉未成年人违法犯罪突出问题的工作要求与未成年人司法保护项目融合推进。紧紧围绕预防和减少未成年人违法犯罪的总体目标，紧密结合"利剑护蕾"专项行动要求，突出教育预防、讯问维权、社会调查、分流建议、帮教矫治等重点，坚持最有利于未成年人原则、罪错未成年人分级处理、恢复性司法的要求，加大工作力度，为不断实现全省未成年人犯罪数及其全国排名"双下降"的目标而不懈努力。

构建工作强支撑。坚持党委政法委领导、关工委组织实施、各成员单位协同配合的组织领导体制和工作机制。各成员单位按照各自职能和在项目工作中承担的任务，主动参与、支持、配合项目工作，加强沟通协调，主动通报工作情况，共研突出问题，共商对策措施，形成各尽其责、协同共进的工作合力。

拓宽工作新格局。构建社会支持平台体系，把部分政府部门、学校、戒毒机构、企业、专门学校等力量纳入项目范畴，引导社会力量介入项目工作，不断提升社会服务机构专业能力。依托项目建立党政机关主导，公安、司法、教育、民政、妇联、共青团、社工机构等跨部门联合的多机构合作机制，对涉案未成年人及家庭开展有针对性的法治教育和帮教矫治。充分整合现有社会支持资源，协调地方、企业、专门学校共建未成年人社会观护基地，创新"五老"＋帮教模式，为未成年人提供心理治疗、法治教育、就业指导和技能培训等社会服务。

提高法治宣传教育实效性。增强法治宣传教育的针对性、规范性，明确成员单位的任务和职责，避免多头重复宣传教育；根据未成年人心理、年龄等特点，结合各地未成年人犯罪实际开展宣传教育，提高宣传教育的质量和实效性。完善中小学法治副校长制度，加强对未成年人家长的教育指导，有侧重地组织开展家庭教育，对已经产生不良行为的未成年人家长进行重点走访、谈话。

建设工作硬队伍。充分发挥"五老"志愿者、司法社工、心理咨询师等的作用，吸纳更多专业人员和懂少数民族语言的志愿者充实工作队伍。选拔品德良好、业务精湛、熟悉法律、作风正派、吃苦耐劳，尤其是具备思想政治教育、社会学、心理学等相关知识的合适成年人，建立合适成年人库和专家库。持续加强专业培训，努力建设一支数量充足、结构合理、素质优良的高素质未成年人司法保护项目工作队伍。强化未成年人司法保护项目工作经费保障机制，做到有人干事、有钱办事。

青少年关爱帮扶篇

持续推进老校长下乡　助力建设教育强国

北京市关心下一代工作委员会
北京教育系统关心下一代工作委员会

"老校长下乡"是教育部关工委落实习近平总书记关于"扶贫必扶智"的重要指示精神，于2016年在北京等5省（市）启动，组织城市退休的名校长（书记、教师）深入乡村学校开展教育帮扶，助力脱贫攻坚和乡村振兴的品牌活动。

一

科学谋划，精心做好"老校长下乡"筹备工作

2016年起，按照教育部关工委的部署，北京教育系统关工委积极担当、主动作为，落实国家京津冀一体化协同发展战略，精心选择帮扶河北省阜平县、承德市、北京市密云区和延庆区等地深入调查研究。实地调研4个受助地区，走访8所学校，召开13次座谈会，深入了解受助地区和学校的实际需求。加强顶层设计，制定《老校长下乡工作方案》，明确推进老校长下乡的工作要求。建强工作队伍，从东城、西城、朝阳、海淀、丰台五个优质教育

资源丰富的区，精选 43 位名校长、老校长，从北京师范大学、首都师范大学遴选优秀的研究生、大学生担任老校长下乡助理。加强条件保障，落实《国务院办公厅关于印发乡村教师支持计划（2015—2020 年）的通知》，制定经费补贴办法，北京市委教育工委每年给予财政经费的支持和保障。

二

用心用情，切实推进"老校长下乡"走深走实

老校长们以深厚的教育情怀、精湛的专业能力和无私奉献的精神深入受助学校，不辞辛苦，克服路程远、条件艰苦等困难，风雨无阻，持续帮扶，培养了一批骨干校长、优秀教师，激活了当地教育的内生动力，逐步实现了教育帮扶从"输血"到"造血""活血"的转变。河北省阜平县教育和体育局副局长杨二军表示："来自北京的老校长不仅为山区的孩子带来了'一节好课'、让山区的老师学会了如何上'一节好课'，更重要的是他们为山区带来了先进的教育理念，他们为山区留下的是一所又一所好学校。"[①]

（一）着眼学校管理，提升校长办学治校能力

老校长们以先进的办学理念指导当地校长做好学校管理工作，既有理论方法指导又有具体行为示范，切实提高了学校办学水平。开学前，老校长与当地校长商议筹备开学典礼，拟定本学期的学校工作计划及教育教学安排。学期中，老校长们与学校领导班子和教师定期开会、教研。学期末，一起开展考试质量分析，教会校长如何激发学校办学活力、提高教师育人能力和增强学生学习动力，提升学校整体发展水平。

（二）着眼高效课堂，提升教师教育教学水平

老校长们每次到校都要进班听课评课、上示范课，手把手指导当地教师提升业务能力；还根据当地需求，邀请北京其他退休或在职的特级教师、骨

---

① 《扶贫路上的老校长们》，光明网，2020 年 12 月 2 日。

干教师多次进行送课讲学，举办专家讲座和教研活动，精彩的示范课吸引了周边学校的老师现场观摩学习，教研活动从刚开始只有本校老师参与到扩大影响力后周边学校百余名教师参加，老校长助教的辐射作用逐步体现，整体带动了区域教育质量的提升。白瑞祥等老校长带领阜平教师围绕"有效课堂"开展专门研究，通过同课异构、写教学案例、记录反思，学科教研气氛日益浓厚。孙锡霞等老校长带着学校开展教学质量分析，既了解学生的学习水平，又反思教学中的得失，精准找到问题所在，反哺课堂，稳步提高教学质量。田福春等老校长助教的城厢中学在阜平县教师"四项全能"比赛中，10 名教师全部获奖，3 位教师获一等奖，占总数的 3/5，较以往有了突破性进步。

（三）着眼学生成长，培育全面发展的时代新人

老校长们注重学生的健康成长和全面发展，在传承红色基因、党史学习教育及补齐短板课程上下功夫。李亚明老校长收集阜平红色故事，组织编写《太行深处的红色土地》校本教材。老校长们为帮助当地开齐开全音乐、美术、体育、科学等课程，亲自为学生上课。数学学科的刘建文老校长自掏腰包数万元帮助学生购置教具，为学生上手工、美术、陶艺课。纪世铭老校长为师生带来北京四中价值 42 万元的网校课程。音乐特级教师付宝环在当地没有音乐教师、学生不会唱少先队队歌的情况下，每次到阜平至少要给两校学生按低中高学段各上一堂音乐课，为助教学校编写校歌，经过多年的努力，2022 年，由北京老校长付宝环老师指导的阜平山里娃登上冬奥会开闭幕式舞台，演唱奥运会会歌，原来内向害羞的山里孩子们，用阳光自信的表演惊艳了世界。每位支教的老校长背后都有强大的区域教育支援支持，借助 VR 设备了解宇宙的广阔，学会花式篮球的表演，在古诗词韵律操中舞起韵律节拍……阜平的孩子愈发感受到了世界的精彩。建党百年之际，山里的学生感恩创作诗朗诵《太行山里的一道光》，献给老校长们。"现在一进村，孩子们就说'老校长好'，搂着抱着，眼睛都亮了。"老校长们感慨万千，感觉"支教值得""孩子值得""阜平值得"。

截至 2022 年底，北京老校长下乡工作累计帮扶京冀 4 个地区的 40 所

学校，入校助教 2200 余人次，听课、授课、主持教研活动超过 1.3 万课时，惠及 2 万多名学生。北京老校长下乡工作成为一张亮丽名片，被媒体称为京版"孺子牛"，得到了政府和社会的充分肯定，原副总理孙春兰同志作出重要批示，2019 年获评中国关工委全国"十百千万"扶贫工作十大品牌，2020 年获评"北京榜样"年榜人物，2021 年刘建文老校长获评北京市扶贫协作先进个人，北京老校长下乡阜平支教团获评河北省脱贫攻坚先进集体，北京老校长下乡获评全国教育系统关工委十佳创新案例。

三
务实创新，全力续写"老校长下乡"新篇章

为助力推进乡村振兴和教育强国建设，北京市关工委、北京教育系统关工委持续推进"老校长下乡"工作，继续帮扶京冀 4 个地区，出台《北京老校长下乡助力乡村振兴工作方案》。同时，接受教育部关工委的新任务，启动"五区对五县"老校长下乡工作，北京市东城、西城、朝阳、海淀、丰台 6 个区又新增 30 余名老校长，对口帮扶云南兰坪县、宁蒗县、甘肃东乡县、贵州安龙县、湖北随县、山西平顺县，为期 3 年。北京市教育系统关工委带领 6 个区的老校长团队已深入 6 县调研，做好需求对接，分别制定了三年帮扶规划和每年具体实施方案，并从 2023 年 9 月开始实施帮扶计划，为促进义务教育优质均衡发展、助力乡村振兴、促进青少年健康成长再谱新篇章作出新贡献。

浅论关工委助力乡村振兴

河北省关心下一代工作委员会

乡村是具有自然、社会、经济特征的地域综合体，兼具生产、生活、生态、文化等多重功能，与城镇互促互进、共生共存，共同构成人类活动的主要空间。乡村兴则国家兴，乡村衰则国家衰。我国人民日益增长的美好生活需要和不平衡不充分的发展之间的矛盾在乡村尤为突出。全面建成小康社会和全面建成社会主义现代化强国，最艰巨最繁重的任务在农村，最广泛最深厚的基础在农村，最大的潜力和后劲也在农村。实施乡村振兴战略，是解决新时代我国社会主要矛盾、实现"两个一百年"奋斗目标和中华民族伟大复兴中国梦的必然要求，具有重大现实意义和深远历史意义。关工委如何在乡村振兴这样的国家大局中发挥作用是一个重要的课题。近年来，河北省关工委结合工作实际对这个课题进行了深入研究，取得了一些理论成果。

一

助力乡村振兴是关工委工作的题中应有之义

乡村振兴战略是习近平同志于 2017 年 10 月 18 日在党的十九大报告中提出的。党的十九大报告指出，农业农村农民问题是关系国计民生的根本性问题，必须始终把解决好"三农"问题作为全党工作的重中之重，实施乡村振兴战略。党的二十大为全面推进乡村振兴擘画了宏伟蓝图，强调坚持农业农村优先发展。党的二十届三中全会进一步明确要坚持农业农村优先发展，完善乡村振兴投入机制。这一系列重要部署，彰显了党中央对"三农"工作的高度重视，为我国乡村振兴事业指明了前进方向。助力乡村振兴就是贯彻落实党的二十大和二十届三中全会精神的重要举措。

中共中央办公厅、国务院办公厅印发的《关于加强新时代关心下一代工作委员会工作的意见》明确指出，坚持服务党和国家工作大局，积极配合、主动作为，找准工作的结合点和着力点，为党和国家中心工作助力添彩。助力乡村振兴是关工委服务党和国家工作大局的结合点和着力点，是实现"围绕中心、服务大局、积极配合、主动作为"工作定位的客观要求。

二

关工委助力乡村振兴的独特优势

一是广大"五老"具有丰富的经验优势。关工委"五老"队伍阅历丰富，在长期的工作和生活中积累了丰富的人生经验和专业知识，对农村的发展变化有着深刻的认识，能够为乡村振兴提供指导和建议，具有经验优势和知识优势。

二是广大"五老"具有卓越的威望优势。"五老"在社会上拥有较高的威望和较强的影响力，通过言谈举止、宣传培训可以弘扬社会主义先进价值观，提高农民群众的思想觉悟和文明素质，讲好国家的政策，激发农民群众参与乡村振兴的热情，推动形成文明乡风、良好家风、淳朴民风。

三是广大"五老"具有深厚的资源优势。"五老"在长期的工作和生活中积累了丰富的人脉资源，可以联系企业、社会组织、专业技术人才等为乡村振兴提供支持，具有资源优势。

四是广大"五老"具有无与伦比的情感优势。"五老"队伍中党员占比很大，他们信仰坚定、党性修养较高，具有很强的责任感和使命感，工作积极主动，热情较高。且很多"五老"都具有很强的家乡情怀，对农村有着深厚的感情，关心农村的发展和农民的生活，愿意为乡村振兴贡献自己的力量。

三
关工委助力乡村振兴的切入点

（一）助力乡村人才振兴

乡村振兴，关键在人。长期以来，乡村中青年、优质人才持续外流，人才总量不足、结构失衡、素质偏低、老龄化严重等问题较为突出，乡村人才总体发展水平与乡村振兴的要求之间还存在较大差距。进入新发展阶段，全面推进乡村振兴，加快农业农村现代化，乡村人才供求矛盾将更加凸显。农村青年人才是农村人才队伍中的中坚力量和生力军，是农村致富带头人和新型农业经营主体的主力军。农村青年思维活跃、接受新事物较快，但有的青年农民在政策掌握、管理经验、农业技术上还有所欠缺。老干部、老科技工作者等恰恰有技术、有经验，掌握相关政策，这些"五老"深入农村，与农村青年结对子，经常性开展技术指导及服务工作，可以有效帮助农村青年创业，进而带动整个农村相关产业发展。唐山关工委联合老促会、老科协等老年团体，聘请了 1126 名老科技工作者成立"五老"科技团，在部分乡镇、农村指导帮助农村青年人建起蔬菜大棚、种植果树、栽种生姜等，培养了 2000 多名自己带头致富并带领群众共同致富的农村青年人才，带动广大农民共同致富。平泉市关工委副主任杨海平举办林果栽培、食用菌种植等各类培训班 32 期，培训青年农民 1260 多人次，带动全社区 253 个建档立卡贫困户、997 人全部脱贫，563 个贫困户从深山老峪迁入新民居。

（二）助力乡村产业振兴

2023 年 3 月 5 日，习近平总书记在参加十四届全国人大一次会议江苏代表团审议时强调，要把产业振兴作为乡村振兴的重中之重。产业振兴是增强农业农村内生发展动力的源泉，是乡村全面振兴的基础和关键。关工委"五老"可以充分发挥自身优势，为青年农民搭建与企业、科研机构、投资机构合作的桥梁。廊坊市安次区关工委协助当地创建了葛渔城镇新立村党史文化长廊、红色记忆党史馆、书画民间艺术活动室并打造葛渔城镇新立村红色文化品牌，通过大力发展红色旅游，推出了拓展实践基地、"忆苦思甜饭"、代售土特产品等项目，组建了全区首个村集体全资的文化传媒公司，成为名副其实的安次红色旅游第一村，2023 年以来，共接待游客 500 余批 4 万余人次，村集体增收近 200 万元。石家庄市鹿泉区关工委抓住编修村史志的机会与相关单位、人员建立了多条紧密联系的纽带，带动一批经济文化建设项目落地；南海山村与原中央外事学校的同志建立联系，为争取北京外国语大学在石家庄设立校区做出了贡献；牛山村与河北农大的老校友联系，成立河北农大牛山老校友工作站，吸引 30 多名国家级专家为全区农业农村发展保驾护航。

（三）助力乡村文化振兴

乡村文化振兴是乡村振兴的灵魂所在，发挥着引领带动作用。关工委"五老"发挥自身优势，通过特色"五老"工作室积极开展丰富多彩的文化活动，传承中华优秀传统文化。关工委"五老"通过参与村史村志的编修，协助建立村史馆，深入挖掘乡村历史文化，赓续农耕文明。邯郸市永年区关工委"五老"赵现平太极工作室，每年暑期都为青少年免费培训太极拳，让孩子们感受中华传统文化之瑰宝——太极拳的魅力。邢台南和区关工委开展"五老"志愿者书法宣讲下基层活动，让孩子们及群众感受到书法艺术魅力的同时，激发大家对优秀传统文化的热爱，丰富孩子们的课余文化生活。任丘市关工委建立孝道文化"五老"工作室，以独特的方式传承孝道文化，让孩子们学会感恩。石家庄市鹿泉区依托挖掘出来的史志资源建成 67 座村史馆，传承和保护农耕文明，让孩子们近距离感受农村传统文化。

（四）助力文明乡风建设

2018 年 8 月 21 日，习近平总书记在全国宣传思想工作会议上指出，乡村振兴既要塑形，也要铸魂。要深入挖掘、继承、创新优秀传统乡土文化，弘扬新风正气，推进移风易俗，培育文明乡风、良好家风、淳朴民风，焕发乡村文明新气象。新时代新征程，必须通过培育文明乡风、良好家风、淳朴民风，加强农村精神文明建设，展现乡村文明新气象。关工委"五老"凭借威望优势、经验优势在婚丧嫁娶移风易俗、强化村规民约、处理农村家庭矛盾等方面发挥积极作用。石家庄市栾城区关工委成立婚姻家庭辅导中心，帮助解决婚姻问题，举办婚姻家庭辅导员培训班及经验交流会、婚前培训班等。邢台任泽区"五老"成立"和合说事工作室"，义务提供法律咨询、调解民间纠纷，在基层社会治理中积极发挥余热，成为基层社会治理的最美夕阳红。

四
需要注意的问题

一是要明确自身定位，围绕关工委的主要关爱对象青少年开展工作，充分发挥关工委在关心关爱青少年成长成才方面的优势，将工作重心放在青少年群体上。尊重乡村基层组织和农民的主体地位，加强与相关部门的沟通和联系，不越俎代庖。

二是要深入乡村进行调查研究，充分了解当地的自然条件、产业基础、发展现状等，因地制宜，根据实际情况找准关工委助力乡村振兴的切入点和着力点，不可大包大揽，眉毛胡子一把抓。

三是时代迅速发展，乡村日新月异，乡村振兴也面临着新的挑战和机遇，要加强培训，让"五老"能够与时俱进，更好地理解时代潮流，把握发展趋势，提升自身综合素质，不断提高自身服务乡村振兴的能力和水平。

在全省开展关爱快递小哥行动情况的调研报告

黑龙江省关心下一代工作委员会　———————————————

　　以青年为主体的新业态新就业群体迅速发展壮大，为推进中国特色社会主义事业增添了新生力量，也为关心下一代工作拓展领域提出新的课题。按照中国关工委关于做好新业态新就业群体关爱工作的部署，我们于 2023 年初启动全省关爱快递小哥行动，充分发挥关工委统筹协调、议事协商、服务指导职能，与邮政行政主管部门、快递企业密切配合，争取党政有关部门、群团组织和社会各方大力支持，把对快递小哥的教育引导、关爱保护工作做实做细。中国关工委主任顾秀莲同志两次来黑龙江省考察调研行动情况，从理论与实际相结合角度给予有力指导，推动全省关爱快递小哥行动取得显著成效。

一

增强责任担当，自觉抓好关爱快递小哥行动

　　思想是行动的先导。开展关爱快递小哥行动，首先必须提高认识、统一思想，核心是认清做好关爱快递小哥工作是关工委义不容辞的责任，增强主动作为的自觉性。一是习近平总书记有指示。习近平总书记对关爱快递小哥作出重要论述、提出具体要求。我们认真领悟习近平总书记关于快递小哥工作很辛苦，起早贪黑、风雨无阻，是最辛勤的劳动者的论述，[1] 把握以青年为主体的快递小哥作为社会主义建设者、关心下一代工作对象的定位，责无旁贷做好对他们的教育引导工作，促进他们成长成才；认真领悟习近平总书记关于快递小哥是美好生活的创造者和守护者的论述，[2] 把握快递小哥具有的优势和作用，责无旁贷促进他们融入社会、释放潜能、多做贡献；认真领悟习近平总书记关于快递小哥为大家的生活带来了便利，他们不容易，要多给他们提供一些方便的要求，[3] 关注他们面临的各种困难和实际问题，责无旁贷抓好为他们排忧解难各项工作。二是快递小哥有需求。他们正当青春年华、充满进取精神，期待有成长发展的机会，得到更好的培养教育。作为新业态，快递业的工作条件不够完善，从业人员职业成长和个人发展受到一定限制，有的在生活上面临一些实际困难，盼望得到各方支持帮助。作为关工委组织，"想青少年所需"是重要的工作原则，面对快递小哥的正当需求，我们必须充分正视，尽关工委所能提供帮助。三是社会各方有共识。快递小哥的工作体现着我为人人、人人为我的精神，关乎社会和谐稳定、人民生活幸福。快递业"网点遍布城乡、工作走街串巷"，从业青年人员众多、与人民群众接触广泛，是一支维护社会稳定不可或缺的重要力量。帮助他们融入社区、参与基层治理既是社会发展的趋势，也是基层治理创新的重要方向。社会各方对快递小哥的重要作用有切身体会，也寄予厚望。我们在各方取得共识的基础上，紧紧依靠党委、政府，主动寻求党政有关部门、群众团体和社会各界的支持；认真落实中国关工委关于在青年集中的地方建立关工组织和做好新业态新就业群体关爱工作的部署，2022 年 11 月批准成立省邮政管理局关工委，2023 年 6 月会同省邮政管理局联合下发《关于加快市（地）邮政管理局系统关工

---

[1] 《用辛勤劳动助力美好生活》，中国共产党新闻网，2022 年 5 月 9 日。
[2] 《追梦的快递小哥：他们是美好生活的创造者、守护者》，中国青年网，2019 年 2 月 26 日。
[3] 《用辛勤劳动助力美好生活》，中国共产党新闻网，2022 年 5 月 9 日。

组织建设推进关爱"快递小哥"工作的通知》，进一步明确关工委、邮政管理局、快递企业三方的工作职责、目标任务、工作机制，有计划、分步骤地在全省全面展开。省委社会工作部向全社会发出《暖心行动倡议书》，省委宣传部组织新闻媒体大力宣传快递小哥事迹，省委组织部在庆祝中国共产党成立 102 周年开展"永远跟党走、奋进新时代"系列活动中展现快递小哥风采，提升了社会各界对快递小哥的认可和理解程度，推动关爱快递小哥行动快速启动、迅速铺开。

二

开展教育培训，促进快递小哥全面提高素质

把立德树人作为关爱行动的根本任务，各级关工组织和邮政管理部门与有关部门协同配合，开展多种形式的学习、培训、交流、实践等活动，帮助快递小哥提高思想政治素质、业务技能水平。一是开展思想政治教育。组织快递小哥学习习近平新时代中国特色社会主义思想、对青年一代成长进步特别是关爱快递小哥的重要指示，用他们看得见、听得懂、学得进的方式掌握党的创新理论成果、感恩总书记的亲切关怀。在快递小哥中实施传承红色基因工程，开展"四史"学习教育，组织"中华魂"主题读书活动，激励他们赓续光荣传统、增强工作动力。协调企业、街道党组织培养快递小哥中的入党积极分子，哈尔滨市道里区关工委组织优秀"五老"以"快递小哥学党章、明确方向当先锋"为主题，为"快递小哥"讲党课，帮助他们学深学好党的知识，厚植其爱党情怀。二是加强道德和法治教育。面向快递小哥开展社会公德、职业道德、个人品德教育，举办"五老"传承中华传统美德讲座，召开行业先进模范人物事迹报告会，开展"诚信快递你我同行"活动，提升了他们的职业道德水平。面向快递小哥开展"关爱明天、普法先行"活动，普及基本的法律法规，特别是与快递工作密切相关的消费者权益保护法、邮政法、道路交通安全法等，一些地方关工委还联合快递行业协会动员快递小哥参加中国关工委"青少年法治宣传公益大讲堂"，邀请政法干警就如何识别、

正确应对利用寄递渠道实施违法犯罪结合典型案例进行讲解，增强了他们依法工作、维护行业秩序的能力。三是组织业务技能培训。各地关工委推动邮政管理部门与职业培训机构合作，实施快递员职业技能提升行动，组织老快递员与新快递员结对"传帮带"。哈尔滨市道里区邀请专业教师为快递小哥"送课上门"，大兴安岭地区举办快递职业技能竞赛，对快递员提升业务水平起到积极推动作用，全省快递小哥中已有 5 名获得全国、2 名获得省"五一劳动奖章"，省内还涌现出 10 名最美快递员、20 名优秀快递员。

<h2 style="text-align:center">三</h2>

<h3 style="text-align:center">落实关爱措施，帮助解决快递小哥面临的实际问题</h3>

把提供服务、解决急难愁盼问题作为关爱行动的重点内容，各级关工组织同有关部门密切配合，从办实事入手，提供帮助、体现关爱。一是打造关爱阵地。整合社会资源、动员多方力量积极打造关爱阵地，全省已设立快递小哥爱心驿站、关爱工作站 4000 余个，为快递小哥提供临时休息、取暖纳凉、冷热用水、无线网络、手机充电、图书阅览、应急用药、开放厕所等便捷服务。齐齐哈尔市各级关工组织协工会统筹社区、乡镇、街道、商铺网点等资源，打造有温度有情怀的爱心驿站 216 个。伊春市关工委组织与市邮政管理部门打造 26 个暖蜂驿站，伊美区京东家装户外劳动者服务站被全国总工会与省总工会命名为"最美站点"。有的城市关工组织在驿站设立"五老"值班室，依托社会公益机构为快递小哥提供免费午餐，解决了他们因工作繁忙而难以按时用餐的问题。二是组织暖心慰问。各级关工组织携手社区和快递企业，共同开展为快递小哥送温暖活动，深入快递网点和快递小哥家中了解其生活、工作情况及存在的困难，积极协调有关部门解决实际问题。同时，积极组织志愿者为快递小哥提供心理疏导、健康咨询等服务，帮助他们缓解工作压力，保持身心健康。目前，全省为 1.25 万名快递员开展了心理咨询服务，开展免费体检和义诊 4.45 万人次，为快递小哥群体协调公租房、廉租房等保障房 6 套，组织 54 名快递小哥参加新业态劳动者疗休养，邀请爱心企

业家为全省快递小哥捐赠了 1.4 万份爱心健康药包。三是开展维权活动。各级关工组织积极与相关部门协调配合，开展了一系列维护快递小哥权益活动。积极落实省内为快递小哥优先办理工伤保险政策，按照人社厅、邮政局印发的《黑龙江省推进基层快递网点优先参加工伤保险工作实施方案》，已有 7 个市（地）17508 人进行了工伤保险登记，参保率达 90.77%。大庆市关工委与市邮政管理局、市总工会推动快递行业设立法律援助师、劳动关系协调师、"双创"指导师、劳动安全咨询师、身心健康引导师和劳动争议调解室"五师一室"；与市人社局联合组建全市首家邮政快递行业劳动争议调解委员会，积极帮助快递小哥化解各类矛盾纠纷 50 余起。四是主动排忧解难。大庆市关工委为符合义务教育阶段有困难的 3 名快递小哥子女争取到"希望工程新助力 1+1"公益项目资助名额，资助标准为 1000 元 / 人。鹤岗市向全市快递小哥赠送 200 余份家庭关爱保险，为 40 名生活困难从业人员申请困难补助金，为身患重病的快递小哥提供大病救助资金。黑河市建立"新就业群体关爱基金"，及时为因病住院的快递小哥提供了资助。

四

履行社会责任，引导快递小哥融入社区参与基层治理

发挥快递小哥身在基层、接触群众的优势，激发他们服务基层、服务群众的主动性，让他们更好地实现自身价值，是关爱行动的内在要求。各地关工组织、邮政管理部门引导和支持快递小哥积极行动，利用工作之便为社会进步贡献力量。一是开展志愿服务。组织他们积极参与公益服务，为孤寡老人送温暖，为困难群体提供帮助。鸡西市青年快递从业人员组成"快递先蜂"服务队，已自发组织或参与志愿服务 24 次。二是参与社区治理。引导快递小哥利用自己熟悉社区、熟悉居民的优势，兼职社区义务网格员，参与到社区巡逻、安全隐患排查、环境综合整治等工作中来。哈尔滨市倡议快递小哥开展随手拍、随手办、随口说、随时报"四随"志愿服务和动员、联建、引导、激励、兼职、培养六步工作法等一系列创新举措，已形成快递小哥参与社区

治理的"哈尔滨模式"。截至 2024 年 8 月，全市有 69 个街道开展此项工作，兼职网格员 1246 名，开展"四随"志愿服务达 6000 余人次。三是服务奉献社会。引导快递小哥利用工作之便疏导道路交通保证行人安全、帮助行走不便老人、协助环境卫生治理、助力城市建设等。大庆市推行快递员融入城市基层治理"1+8+X"模式，动员快递小哥争当物业服务评价员、食品卫生监督员、城市文明示范员、网络舆情监测员、道路交通安全员、治安线索信息员、城市形象宣传员、移动兼职网格员"八大员"，已上报治安治理、居民需求等信息 350 余条，反映环境整治问题 430 余个，开展志愿服务 870 余次。

五
注重合力推进，形成各方参与关爱快递小哥的氛围

快递小哥作为新业态新就业群体，对他们的关爱工作涉及党政多个部门和社会方方面面，只有形成合力才能扎实推进。全省在开展关爱快递小哥行动过程中，各级关工组织充分发挥委员会作用，加强与邮政系统、政府有关部门、群团组织等相关单位的沟通协调，共同研究制定关爱政策，营造关爱氛围。一是行企主导积极作为。邮政管理系统各级关工组织充分发挥行业优势，结合工作实际，推动快递企业落实快递小哥劳动保障制度，维护合法权益；加强快递小哥安全教育，增强安全意识；组织开展各种形式的文体活动，丰富精神文化生活，较好地发挥了主导作用。二是关工组织广泛参与。各级关工组织充分发挥委员会作用，积极组织广大"五老"参与，为快递小哥提供更为贴心和细致的关怀。组织"五老"与快递小哥结成关爱对子，了解快递小哥的生活、工作状况及其所遇到的困难，为他们提供心理关怀、职业规划、生活指导等方面的帮助；参与快递小哥服务驿站的建设和管理，通过协助完善设施、组织志愿服务等方式为快递小哥提供服务，全省参与关爱快递小哥行动"五老"约 6600 人。三是社企联动融合发展。各级关工组织积极与社区、企业等社会各方进行深度联动，帮助快递小哥解决实际困难和问题。

各级邮政管理部门积极与快递企业沟通，推动企业落实主体责任，通过组织职业技能培训、开展职业规划指导、建立激励机制等方式，提升快递小哥的职业素养和综合能力。实行社企联动，实现资源共享、优势互补，推动快递小哥与社区的深度融合。四是注重营造舆论环境。全省各级关工组织、邮政管理局及有关部门积极与媒体合作，开展一系列宣传活动，深入报道关爱快递小哥行动工作中的感人事迹，让更多人主动参与。鸡西市邮政管理局关工委对接市融媒体中心拍摄"节日我在岗"等专题宣传片，宣传快递小哥为人民群众服务的感人事迹；开展"快递小哥带你看龙江"主题宣传，体现快递行业在服务乡村振兴、推进国际贸易、助力文化旅游发展等方面的重要作用；组织快递小哥编排情景剧《希望》，讲述邮政快递业在推动鸡西高质量发展中的新作为。黑河市关工委会同工会、团委和邮政管理局向全市各界发出"关心关爱快递小哥"倡议书，组织"五老"通讯员和关心下一代小记者对快递小哥实地采访，在主流媒体广泛宣传，提升了社会各界对快递小哥的认同感。

2024 年 8 月 20 日，中国关工委主任顾秀莲在黑龙江省推进关爱快递小哥行动工作会议上作重要讲话，强调深学细悟习近平总书记重要指示批示，把坚持立德树人、强化思想政治引领放在首要位置，从办实事入手提供关爱帮助，以合力推动工作开展。按照顾主任要求，我们部署各地抓住"党建带关建"、坚持思想政治引领"两个关键"，突出动员社会力量全面关爱快递小哥、引导快递小哥参与基层社会治理"两个重点"，在新的工作起点上进行整体谋划，在抓活动、抓典型、抓品牌上狠下功夫，创出新亮点、新品牌、新经验，把关爱行动不断引向深入。

发挥"五老"优势
创新赋能青年教师匠心匠艺培养的实践研究

——以上海食品科技学校关工组为例

上海市金山区关工委
上海食品科技学校关工组

一

研究背景

（一）新时代党中央和国家对关工工作和职业教育提出新要求

2021 年 12 月，中共中央办公厅、国务院办公厅印发《关于加强新时代关心下一代工作委员会工作的意见》，提出实施"五老"关爱下一代工程，发挥老同志传帮带作用，推进劳模工匠进校园活动，加强青少年劳动教育；大力弘扬劳模精神、劳动精神、工匠精神，助力培养有理想守信念、懂技术会创新、敢担当讲奉献的青年产业工人队伍。

2023 年 8 月，教育部等四部门关于印发《职业学校兼职教师管理办法》，鼓励相关学校聘请退休工程师、医师、教师，鼓励聘请在相关行业中具有一定声誉和造诣的能工巧匠、劳动模范、非物质文化遗产国家和省市级传承人等。

2024 年 1 月 31 日，习近平在中共中央政治局第十一次集体学习时强调，加快发展新质生产力，扎实推进高质量发展。要按照发展新质生产力要求，畅通教育、科技、人才的良性循环，完善人才培养、引进、使用、合理流动的工作机制。

2024 年 3 月，习近平总书记在参加十四届全国人大常委会第二次会议江苏代表团审议时强调，我们要实实在在地把职业教育搞好，树立工匠精神，把第一线的大国工匠一批一批培养出来。

新时期，党中央和国家对"五老"推进青年产业工人队伍建设，对职业教育培养高素质的技术技能型人才、能工巧匠与大国工匠明确了新任务、新要求。

（二）新时代青年教师队伍建设面临的发展的问题与必然选择

近五年上海食品科技学校迎来新教师入职潮，新入职教师数量达到 30 人。学校青年教师满怀着对教育的憧憬，拥有较强的教育激情，热衷于提升自己的技艺。调研问卷结果显示，"迫切希望提升专业技能"的占 43.3%，期望继续得到导师带教的占比 93.5%，同时，部分受访者也表示存在职业专注度欠缺、职业倦怠感等问题；能够自主作出职业发展规划的仅占 10%，"曾有换个职业想法的"占比 6.67%；在遇到的工作困难方面，教育科研、课堂教学、班级管理排前三位，分别占比 60%、46.7%、26.7%。

青年教师在成长过程中，需要像于漪等老一辈教育家的精神引领和榜样示范，学校"五老"在教育教学各个方面有丰富的经验和智慧，他们"既红又专"，能够"传道、授业、解惑"，帮助青年教师提升匠心匠艺，并通过言传身教引导青年教师成为教育家精神的弘扬者与践行者。

发挥"五老"优势，赋能青年教师匠心匠艺培养，既是响应党中央与国家关爱下一代工程的要求，也是学校破解青年教师专业发展问题的必然选择。

二
研究设计

（一）研究目标

结合职业学校青年教师培养特点，充分发挥"五老"优势，以创新为引领，助力青年教师铸"匠心"、锻"匠艺"，总结提炼学校关工组特色工作及创新工作方式方法和经验，为推动青年教师成长提供实践经验支持。

（二）概念界定

匠心指能工巧匠的心思，亦指工匠精神，也代表职业精神，包含执着专注、精益求精、一丝不苟、追求卓越等核心内涵。

匠艺是工匠的技艺，具体指精湛的技艺和锻造过硬的本领，也是匠心的外在体现。

（三）研究内容

调查分析职业学校青年教师培养过程中存在的问题，"五老"在培养青年教师匠心匠艺方面的主要做法，为精准解决问题进行有效资源调整和协作探索。

创新组织形式、创新运行机制、创新活动形式，"五老"探索在青年教师培育方面的新途径和新方法，积累赋能青年教师匠心匠艺培养的有效经验。

（四）研究方法

文献研究法，开展相关文献研究，广泛收集资料，从中借鉴经验。

现场观察法，以实地观察、访谈调研等方式，了解青年教师在匠心匠艺培养中的痛点、难点问题，并进行问题成因分析。

问卷调查法，通过问卷了解青年教师培养需求及相关问题，为系统地设计铸匠心、锻匠艺的方式途径做好准备。

案例分析法，通过案例研究改进实践，分析成功和失败原因，加强改进策略研究，做到理论与实际相结合。

经验总结法，及时总结经验，概括提炼青年教师匠心匠艺培养的特色经验。

三
研究过程

（一）创新组织架构，探索"领导 + 核心 + 骨干"新格局

为了进一步增强关工组的"创新服务力"，关工组提出从"领导小组 + 工作小组"二级组织架构到"领导决策圈 + 工作核心圈 + 工作骨干圈"三级圈层架构改革。党总支统筹规划，进一步建设好领导决策圈。关工组作为推进工作的核心工作圈，负责日常工作实施。结合职业教育特点，积极挖掘学校上海市劳模工匠育人工作站劳模导师高伯城、金四云、姚芳、童上高，上海工匠导师周耀斌、干文华，特邀华师大职成教所原副所长陆素菊，区教育系统关工委报告团张汉为、杨铭杰等组建骨干圈。升级后的三级圈层架构打破了原有组织界限，完成了资源整合，关工组成员从 7 名增至 20 多名，成员类型进一步丰富，涵盖师德、德育、教学、科研和专业技能等不同方面，整体综合服务能力进一步提升。

（二）创设组织机构，实施"类型 + 组团 + 动态"新服务

关工组针对青年教师的需求，从"铸匠心""锻匠艺"两个方面出发，组建了劳模工匠、德育、教学、科研和竞赛五个导师组，强化类型细分，推进青年教师在师德师风、育人能力、教学能力、科研能力、专业技能等方面全面发展。为了充分激活"五组"动能，学校关工组积极破除思维定式，结合"五老"专业资源丰富、时间自由充裕的优势，采用线上线下相结合、团队与个别相补充的形式，对青年教师实施全面、全员、全方位、全过程的科学高

效辅导,实现了从"单兵作战"到"整体协作"、从"固态带教"到"动态轮动培养"的服务方式转变。

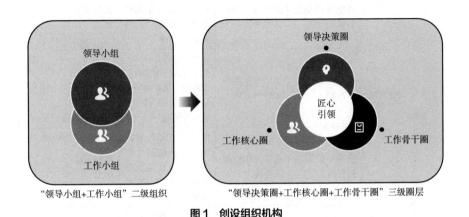

"领导小组+工作小组"二级组织　　　　"领导决策圈+工作核心圈+工作骨干圈"三级圈层

图1　创设组织机构

(三)完善运行机制,形成"结对 + 运行 + 发展 + 咨询"新机制

学校关工组根据"分类定位"培养原则,不断创新和完善各项机制,凝"新"育苗,铸匠心、锻匠艺——建立了关工组劳模工匠导师组与青年教师团支部结对联系机制、德育导师组协助提升青年教师立德树人能力的咨询机制等 6 项工作机制,加强匠心匠艺培养,参与并指导青年教师制定个性化的职业生涯规划,结合学校发展规划中的各项建设任务,引导他们明确职业目标及发展方向,让他们能够实践成才、岗位立功。

表1　学校关工组工作小组工作相关机制

序号	机制形式	机制名称	服务对象	实施内容	实施目的	培养主题
1	结对机制	劳模工匠导师组与青年教师团支部结对联系机制	青年党团员教师	老青结对:通过座谈会、讲座、精准指导等形式实现老同志与教工团青年教师结对	引导确立教育目标及方向	匠心匠艺

续表

序号	机制形式	机制名称	服务对象	实施内容	实施目的	培养主题
2	运行机制	教学导师组运行机制	全体青年教师（教学方向）	教育教学专题讲座、专题教学研讨活动、日常"推门听课"活动	提升教学能力	匠艺
		科研导师组运行机制	全体青年教师（科研方向）	组织擅长教育科研工作的老同志组建科研指导团，依托督导教科室指导青年教师开展课题研究	提升教育科研能力	匠艺
		竞赛导师组运行机制	全体青年教师（竞赛方向）	发挥"五老"资源优势，围绕教学能力大赛、技能大赛等竞赛活动，开展备赛竞赛辅导	提升竞赛能力	匠艺
3	发展机制	教学导师组辅助培养青年教师专业发展机制	专业青年教师	串联研、训、赛培养链，借力"五老"经验和资源优势，为青年教师专业发展搭建多元化的资源平台	提升专业能力	匠心 匠艺
4	咨询机制	德育导师组协助提升青年教师立德树人能力的咨询机制	青年班主任	参与德育工作例会、提供"三度四感六情"特色德育管理指导、依托班主任基本功竞答赛提供辅导咨询	提升育人能力	匠心 匠艺

四

研究成果

（一）探索青年教师匠心匠艺培养，形成特色做法工作经验

学校关工组坚持以"品文化"为引领，形成了"品德"铸匠心、"品技"锻匠艺、"品创"促发展的特色做法。

1."品德"铸匠心，形成全方位匠心"培育仓"

一是开展青蓝结对，实现精准培育。学校特聘区委党校原常务副校长张

汉等"五老"劳模工匠导师，与教工团 18 位青年教师举行了青蓝结对仪式，"五老"导师根据青年教师的"最近发展区"确定了带教计划，明确了主攻方向，并全方位提供成长指导。

二是聚焦立德树人，提升育人能力。德育导师组协助全体青年教师落实"三度四感六情"德育管理理念，为青年及新任班主任提供德育咨询，认真辅导青年教师参加上海市班主任基本功大赛，不断促进青年教师师德师风与德育能力提升。

三是坚持匠心引领，弘扬工匠精神。关工组特邀劳模工匠导师金四云举办"以匠心致初心 以初心致未来"主题报告会，把握"3·5学雷锋""12·5"等重要时间节点，组织劳模工匠导师姚芳等与青年教师开展"大手拉小手"党团志愿服务活动，引导青年爱党、爱祖国、爱家乡，用榜样的力量感召人、鼓舞人、塑造人。

2."品技"锻匠艺，形成全链条匠艺"攻关组"

一是劳模工匠引领，提升教学能力。劳模工匠导师组充分发挥上海市技能大师工作室的作用，如沈春燕上海市技能大师工作室联合教工团举行了"慧创青春，共享团建"主题活动，以技能大师的榜样示范让劳动精神、工匠精神和创新精神浸润青年教师。

二是坚持以赛促教，推进匠艺培养。竞赛导师组王仲伟、沈秀军等协助指导薛丽芝、杨晔、戴栋栋、冯江、鱼海东等十余位青年教师，立足上海市星光技能大赛、全国职业技能大赛、教师教学能力大赛等技能竞赛，不断提高专业技艺。

三是聚焦日常教学，提升教学水准。教学导师组许祖红、张红云等聚焦日常教学，开展"推门听课"工作，指导青年教师改进教学方法，搞好"传、帮、带"，切实提高青年教师的教学水准。

四是针对青年需求，加强科研指导。针对青年教师最为迫切的教科研发展需求，学校关工组特邀华师大职成教所原副所长陆素菊等开展专题辅导，对青年教师承担的教科研课题在申报前期、中期、结项等不同节点适时予以指导，多项课题获市重点课题立项。

3."品创"促发展，搭建创新能力"练兵场"

一是对接企业需求，助力产品研发。关工组鼓励青年教师结合区域经济与产业发展的实际对生产流程和相关技术进行革新，组织青年教师杨晔、方芳等与银龙食品、蓝莓研究所等开展玉米汁、蓝莓酒等校企合作研发，并带领学生获上海市挑战杯特等奖、互联网＋创新竞赛金奖，做到以赛促创、以创育人。

二是突出创新要求，开展创业指导。关工组成员金四云等积极参与上海市创业指导站创建工作，整合校企资源，提供创建材料指导帮扶，助力共青团打造"青·创"创新创业教育体系，建设校级创新创业成果"孵化器"，为青年教师培育创新能力提供理论指导和实践资源。

（二）构建科学高效运行工作体系，形成关工工作特色品牌

通过组织创新、机制创新、活动创新，"五老"不断赋能青年教师匠心匠艺，形成了特色工作品牌，推进了学校事业发展。

1.形成关工组助力青年教师培养特色体系

学校关工组以创新为引领，聚焦"优匠心"和"优匠艺"两个重心，推动"领导决策圈＋工作核心圈＋工作骨干圈"三级圈层架构改革，构建"全员、全面、全方位、全过程""四全"培育链条，设立了劳模工匠、德育、教学、科研和竞赛等五个工作骨干小组，打破了组织界限，整合了人员资源，增强了关工组活力，发挥了整体效应，并形成了"一新、两优、三圈、四全、五组"的特色匠心匠艺培养体系。

2.青年教师匠心匠艺培育提升成效显著

"五老"充分发挥自身优势，推进青年教师匠心匠艺培养，取得了丰硕的成果。一是青年教师匠心培育扎实，师德广受认可，涌现出一大批先进典型，包括入选"东方英才"计划的薛丽芝、上海市教学能手杨晔等20多人。二是德育能力稳步提升，学生综合素养不断提升，广受家长、企业、社会好评，沈晶等青年班主任获全市中职系统班主任基本功大赛"金穗组"一等奖。三是教学能力显著提升，王竞业、戴栋栋等青年教师在全国教学能力大赛中获

一等奖；王娟、鱼海东等指导学生参赛并荣获全国职业院校技能大赛团体三等奖、上海市"星光计划"大赛团体一等奖。四是教科研方面，学校立项市级以上课题4项，在各类科研成果评选中获奖10多次，"以党建为引领，培育中职生劳模工匠精神的实践探索"获上海市普教系统党的建设研究会重点课题立项。

3. 关工组带动自身及队伍发展成效显著

学校关工组积极创新，不断突破，发挥自身优势，开展组团式服务，将"五老"懂教育、爱教育、善教育的经验优势融入青年教师匠心匠艺培养，认真做好"传、帮、带"工作，有力地促进了青年教师成长；学校2个青年班组被评为金山区五四先进集体，2个班组被评为金山区工人先锋号，学校关工组先后被评为上海市中职系统五好关工委、上海市教育系统五好关工委。

五
研究思考

（一）重视成员更新机制

学校关工组以创新为引领，不断实践总结，取得了良好的成绩。但从长远发展来看，还需要重视关工组成员的更新纳入机制，保持关工组成员的多样性和多元化，避免因退休、身体和其他因素影响关工组的组织架构优化。

（二）聚焦青蓝真实需求

要深入青年教师群体，只有真正了解需求才能开展有效培育。要关心关爱"五老"群体，感恩他们的付出，让他们感受到学校的温暖、青年教师的热情，培养青年教师的感恩之心。

（三）带动实现共同提升

学校"五老"赋能青年教师匠心匠艺培养的相关工作经验也可为其他学校提供工作思路启发，要积极与云南腾冲、贵州习水、安徽六安等地区院校开展合作共建，推广自身经验，实现共同进步。

总之，"五老"赋能青年教师匠心匠艺培养是一种富有成效的教育模式。在推进关心下一代工作的新征程上，我们将持续探索、创新实践、扎实推进，努力培养更多的优秀青年教师，为推进职业教育的更好发展贡献自己的力量。

用心用情服务"三农" 全面助力乡村振兴

——安徽省关工委助力乡村振兴调研报告

安徽省关心下一代工作委员会

近年来,安徽省关工委坚持以习近平新时代中国特色社会主义思想为指导,全面落实习近平总书记关于做好关心下一代工作的重要指示批示,深入学习贯彻习近平总书记关于"三农"工作的重要论述,坚持把助力乡村振兴作为中心任务,持续做好"乡村振兴·关工助力"工作,为推进全省乡村全面振兴作出了积极贡献。

一

学思践悟习近平总书记关于"三农"的重要论述,
深刻领会习近平总书记对安徽"三农"工作的殷切期望

省关工委定期召开主任学习会、主任办公会,深入学习习近平总书记关于"三农"工作的重要论述,立足全省大局、结合关工实际、带着深厚感情、深刻学习领会,努力学出更加鲜明的政治品格,学出更加开阔的工作思路,学出更加高强的能力本领,做到学思用贯通、知信行统一。

党的十八大以来，习近平总书记三次考察安徽、一次参加全国两会安徽代表团审议、一次重要回信，都对做好"三农"工作作出重要指示，强调安徽是我国重要的粮食主产区，也是畜产品、油料、水产品、茶叶等农产品产区，是名副其实的农业大省，要求安徽扎实推进现代农业建设，坚决扛稳粮食安全责任，为安徽"三农"工作擘画蓝图、指引航向。

省关工委深刻认识到，习近平总书记对"三农"工作高度重视，对安徽"三农"工作寄予厚望、赋予使命，是我们做好"三农"工作、推进乡村振兴的行动纲领和根本遵循。全省关工委必须紧紧围绕中心、服务大局，牢记嘱托、感恩奋进，坚决把习近平总书记重要指示精神落实到具体行动上、体现到实际效果上，切实为安徽"三农"工作增砖添瓦，为助力乡村振兴发光发热，以实际行动坚定拥护"两个确立"、坚决做到"两个维护"。

二
准确把握安徽"三农"发展阶段性特征，谋划启动"乡村振兴·关工助力"工作

省关工委完整、准确、全面贯彻新发展理念，紧贴安徽"三农"发展阶段性特征，准确把握新形势新任务新要求，在助力乡村振兴上，做到与党中央、省委决策部署同频共振。

准确把握安徽"三农"工作现实情况。党的十八大以来，安徽省深入贯彻习近平总书记关于"三农"工作的重要论述和关于安徽工作的重要讲话重要指示精神，全面打赢脱贫攻坚战，全面深化农村改革，全面推进农业农村现代化，全省 484 万农村贫困人口全部脱贫、3000 个贫困村全部出列、20个国家级和 11 个省级贫困县全部摘帽，农业农村发展取得历史性成就：2017年起，粮食产量由全国第 7 跃升至第 4，成为全国 5 个粮食净调出省份之一。创建国家级优势特色产业集群 4 个、特色农产品优势区 10 个、现代农业产业园 8 个，国家级农业产业化龙头企业 83 家、居全国第 6 位。农村居民人均可支配收入由 2012 年的 7161 元增加到 2022 年的 19575 元，从全国第 20

位上升到第 13 位。但与先进省份相比,安徽省"三农"建设还有差距。一是粮食单产总体偏低,2023 年粮食亩产 373.7 公斤,居全国第 18 位。二是乡村产业大而不强,企业规模小、产品档次低、发展基础弱。三是乡村建设层次不高,与苏浙沪相比,农村基础设施和基本公共服务短板突出。四是农村居民收入增速不快,总量低于全国平均水平。

增强服务安徽"三农"工作发展的关工信心。"三农"是安徽的底色,也是安徽发展的亮色。全省 70 万"五老"是服务中心、服务大局的重要力量,尤要洞察大势、认清形势,顺势而为、努力作为。一是习近平总书记和党中央对"三农"工作高度重视,这是关工系统做好服务"三农"工作、助力乡村振兴的最大底气。习近平总书记对"三农"工作亲自指挥、亲自部署、亲自督战,提出一系列新思想新战略新论断新要求,2013 年、2017 年、2020 年和 2022 年,习近平总书记 4 次出席中央农村工作会议并发表重要讲话,充分表明一以贯之加强"三农"工作的鲜明态度。每年中央一号文件、中央农村工作会议都出台一系列高含金量的政策举措,释放诸多政策红利。习近平总书记和党中央对"三农"工作的高度重视,就是全省关工系统做到与党中央决策部署同频共振,做好服务"三农"工作、助力乡村振兴的最大优势、最大底气。二是安徽处于国家战略叠加交汇点,这是全省关工系统做好服务"三农"工作、助力乡村振兴的最大优势。安徽居中靠南、承南接北,是共建"一带一路",以及长江经济带发展、中部地区崛起、长三角一体化发展等战略覆盖的省份,以合肥为圆心、500 公里为半径的区域内,聚集全国 40% 的人口和 50% 的消费市场,在国家发展全局中的战略地位凸显。随着长三角一体化战略迈入新阶段,安徽农业市场更加广阔,农业农村发展位势必将不断提升。三是省委、省政府顶格推动,这是全省关工系统做好服务"三农"工作、助力乡村振兴的最大信心。省委、省政府始终高度重视"三农"和乡村振兴工作,顶格谋划、顶格部署、顶格推动。梁言顺书记到安徽工作以来,对"三农"工作深入调查、分析研究、顶层设计,提出要坚定扛起"三农"工作时代重任,干字当头、创先争优,在推进乡村全面振兴上走在前列。王清宪省长运用工业互联网思维抓农业产业化,坚决保障粮食和重要农产品稳定安全供给，推动高端绿色食品产业集群发展，加快建设宜居宜业和美乡村，扎实推动"三农"各项任务落地见效。全省关工系统要沿着习近平总书记指引的方向，按照省委、省政府工作部署，立足自身实际，积极推动"三农"工作高质量发展，竭尽所能助力乡村振兴。

谋划启动"乡村振兴·关工助力"工作。2020年9月，召开全省关工委系统助力脱贫攻坚与助力乡村振兴有效衔接工作座谈会，开展"我为助力乡村振兴献一策"活动，收集9万余条意见建议，精准定位乡村振兴工作的"党委要求、群众需求和青少年诉求"，深入谋划"关工委能做些什么"。经省委、省政府同意后，省关工委启动"乡村振兴·关工助力"工作，要求各市和所辖县区关工委至少选取1~2个村作为联系点，抓点带面，全面实施"五参五助四行动"。16个省辖市、100多个县（区）关工委全部建立联系点，各级关工委主要领导亲自联系，分管领导具体指导，助力乡村振兴工作全面推开。2023年6月召开全省关工委"乡村振兴·关工助力"双创青年座谈会，省政府负责同志到会讲话，对省关工委的做法给予充分肯定。

三

推深做实"乡村振兴·关工助力"工作，
为安徽"三农"工作贡献更多关工力量

参与人才培训，助力产业兴旺。全省关工委组织广大"五老"发挥优势作用，积极参与产业发展所需的人才培训活动；采取帮办指导等方式，挖掘当地资源禀赋，培育有特色优势的产业项目，帮扶困难产业项目。持续关注脱贫村产业发展状况，注重产业后续培育，不断提升产业发展带动农村致富的能力。积极指导扶助农村青年创办合作社、养殖基地、家庭农场等新型农业经营主体，带动农户就业创业，助推农村产业兴旺发达。全省关工系统共确定287个联系点，帮扶培育"双创"青年876人，创办企业等各类经济组织973家，有效辐射带动农村产业发展、农民增产增收。凤台县创业青年王杰创办的农业科技开发公司，因污染问题发展受阻，县关工委派县农委原高级研究员高福平驻企指导,帮助解决生猪养殖粪便污染等难题,创建了生态循环新模式,成功通过科技部 2020 年科技项目验收。

参与环境整治,助力生态宜居。充分发挥基层农村关工组织和"五老"工作优势,助力垃圾、污水、厕所专项整治"三大革命",参与人居环境整治行动。坚持助力整治环境与引导转变观念相结合,教育引导农民改变不良生活习惯,树立生态环境保护意识。加强"绿色发展"主题教育,开展绿色实践和生态道德主题教育,强化青少年思想自觉和行为养成,共同建设生态宜居的家乡。全省 1236 个乡镇关工组织主动靠前,以"林长制""河长制""田长制""路长制"为抓手,对美丽乡村建设示范点、乡镇环境卫生整治等重点区域、重点路段、重点场所,组织开展"美丽家园""美丽屋场""美丽庭院"等群众性活动 2000 余场,"五老"参与巡回检查、志愿活动 22.6 万人次。

参与文明创建,助力乡风文明。动员"五老"开展多形式的精神文明创建活动。开展家规家训家风评比活动,发挥村民议事会、红白理事会、禁毒禁赌协会等群众组织作用,大力倡导移风易俗,切实遏制大操大办、厚葬薄养、人情攀比等陋习,培育积极向上的家庭美德、职业道德和社会公德,引导广大农民树立文明新风尚。教育引导青少年争做弘扬科学精神、传承时代先锋的新时代好青年、好学生。阜阳市颍泉区葛桥镇关工委成立"双阳(夕阳、朝阳)艺术团",致力于服务留守老人儿童。金寨县关工委开展"讲红色故事,做红色传人"讲述红色故事比赛,从老区各乡镇挖掘整理 500 多个红色故事,在全县 6 万中小学生中传唱。太湖县关工委打造"打鼓书上传文明"等文化品牌,擦亮"红色土地、状元故里"名片等。

参与社会治理,助力平安建设。充分发挥"五老"在调解邻里关系、化解民间纠纷、处理群众矛盾、维护社会稳定中的作用,积极参与乡村治理工作。持续开展"法治关爱·护航成长"活动,扎实开展法律进农村、进校园活动,着力普及法律知识,引导广大青少年增强法律意识、树立法治观念。全省农村关工委依托镇村平台,成立 1939 所关工调解站、"五老"调事室,

13.1 万"五老"参与调解工作，累计化解纠纷 6.2 万件。加强对农村留守儿童、困境儿童的帮助引导，努力构建孤儿、无人抚养儿童、重病重残等困境儿童保障体系，帮助解决实际困难。全省共有 19.3 万名"五老"结对帮扶45 万名留守或困境儿童。

参与文化服务，助力文化繁荣。发挥"五老"人才资源，努力在宣传党的政策、践行主流价值、丰富文化生活等方面做好文章，积极开展"五老"弘扬好家教好家风活动，营造弘扬优秀传统文化。加大对本地文化资源的挖掘和推广运用力度，组织中华优秀传统文化教育活动，有效引导青少年增强文化自信。全省关工系统在"六一"开展"关爱留守儿童、护航健康成长"活动，"七一"前夕开展"党史学习月"活动，"十一"期间开展"永远跟党走奋进新征程"主题教育实践活动，春节期间开展文艺联欢活动，做到以文化人、以文育人。

认真落实"四项行动"。全省关工委积极开展"四项行动"（宣讲报告行动、科技培训行动、捐资助学行动、结对关爱行动）成果显著。部分市县关工委发挥关爱基金作用，开展捐资助学，芜湖、安庆等市县关工委建有关心下一代基金，"五老"多方协调资金，为孩子们筹措学杂费用。各级关工委发动爱心人士"一对一"结对帮扶困难学生。部分农村基层关工委兴办儿童学校、"四点半"学校，为孩子们提供良好的学习生活环境。四年来，全省关工系统助力乡村振兴"四项行动"开展宣讲报告 23884 场次、科技培训 11632 场次，捐资助学 3.5 亿元，惠及 37.8 万名学生，34.6 万名"五老"结对关爱 56.9 万名留守儿童或困难儿童。

近年来，全省关工委"乡村振兴·关工助力"工作受到党委政府的肯定和广大群众的好评。时任省委书记郑栅洁在省委常委会上对关心下一代工作作出指示：基层关工委要围绕乡村振兴战略部署，开展"助力乡村振兴"督查，实施"五参五助四行动"，动员广大"五老"再立新功。省长王清宪在省关工委工作总结上作出批示：省关工委在助力巩固拓展脱贫攻坚成果同乡村振兴有效衔接方面，做了大量富有成效的工作。这是对我们的巨大鼓舞和激励。

四
未来工作任务

一是着力提高认识，推深做实"乡村振兴·关工助力"工作。习近平总书记指出，乡村振兴是实现中华民族伟大复兴的一项重大任务，是实现中国式现代化的重要途径，具有全局性、战略性的任务，是党和国家全局工作的重点。全省关工委将进一步深化认识、提高站位，以崇高的使命感、责任感，推深做实"乡村振兴·关工助力"工作。

二是突出"双培"重点，助力农村产业振兴。实践证明，有一名致富带头人，就能带动一个产业，带动一方农民致富。农业农村发展空间大、舞台广，优秀青年大有用武之地，关工"五老"要发挥优势作用，关心扶持青年创新创业，为他们出谋划策、牵线搭桥，协调解决创业初期的困难，带动农民增收、农业发展、农村稳定。

三是聚焦关心关爱，积极帮扶留守、困境儿童。关心关爱农村青少年，特别是留守儿童、困境儿童，是关工委和广大"五老"义不容辞的责任。关心关爱工作除了物质资助外，还要注重给予精神关怀，鼓励支持开办留守儿童学校，动员"五老"实行"一对一"结对帮扶，助力留守儿童、困境儿童健康成长。

四是加强调查研究，落细落实联系点工作。各级关工委领导要带着问题，深入基层联系点开展"乡村振兴·关工助力"调查研究，了解乡村振兴工作中的新问题新情况，总结推广经验做法，推动工作不断发展。

五是做好总结宣传，激励广大"五老"投身关心下一代工作。发现选树助力乡村振兴工作先进典型，总结推广宣传各级关工委和"五老"队伍中涌现的感人事迹，深入挖掘经验做法，坚持典型引领，为推进乡村全面振兴、开创"三农"工作新局面贡献更多力量。

发挥"五老"作用助力乡村振兴的
理论与实践探析

山东省青岛市关心下一代工作委员会 ────────────

习近平总书记就做好关心下一代工作作出重要指示，强调各级党委和政府要加强对关心下一代工作的领导，支持更多老同志参加关心下一代工作，使广大"五老"在关心下一代的广阔舞台上老有所为、发光发热，为培养社会主义建设者和接班人作出新的更大贡献。[①]这一重要论述既肯定了"五老"在青少年成长中的独特价值，也为"五老"在乡村振兴战略中发挥作用提供了理论支撑。青岛市关工委依托"五老"助力乡村振兴的实践，探索了"五老"在乡村振兴中的作用机制与发展路径，为新时代关工委工作高质量发展提供了一定的理论与实践启示。

一

精神实质的领会与理论基础

习近平总书记的重要指示批示蕴含了关工委工作的核心要义，可从三个

─────────

① 《习近平就做好关心下一代工作作出重要指示强调支持更多老同志参加关心下一代工作为培养社会主义建设者和接班人作出新的更大贡献》，《解放军报》2020 年 11 月 19 日。

方面予以把握：党的领导的政治导向、"五老"优势的资源价值、乡村振兴的战略需求。这为"五老"作用的发挥奠定了理论与实践基础。

党的领导是"五老"作用的政治根基。关工委必须在党的领导下，将"五老"的政治经验转化为乡村振兴的思想引领，服务于党和国家的战略部署。党的领导不仅提供方向，还通过组织体系保障"五老"作用的制度化落实。

"五老"优势是乡村振兴的潜在动力。"五老"作为革命、建设和改革的见证者，拥有丰富的政治、经验、威望优势。社会学理论认为，资源的传承与利用是社会再生产的关键，关工委通过"五老"将历史智慧传递给乡村与青少年，形成了乡村振兴的智力与情感支持，尤其是在解决农村"空心化"问题中作用突出。

乡村振兴是"五老"作用的时代使命。乡村振兴作为实现共同富裕的战略抓手，涉及产业、文化、生态、组织和人才"五个振兴"，这一命题呼应了马克思主义关于生产力与生产关系辩证发展的思想。"五老"的参与体现了理论指导实践的统一性，同时顺应了新时代农村社会转型的现实需求。

二
青岛市实践路径的分析

青岛市关工委深入学习贯彻习近平总书记重要指示批示精神，依托"五老"的独特优势，探索了助力乡村振兴的多维实践路径。

政治引领，凝聚乡村振兴共识。全市各级关工委组织"五老"开展政策宣讲和红色教育活动，如"传承红色基因，争做时代新人"主题教育，累计开展 2100 余场次，受众超 15 万人次，出版《青岛红色历史》《青岛地下尖兵》等读本 5000 余册，涵盖党史、新中国史和改革开放史内容。这一实践通过发挥"五老"的政治优势，增强了农民和青少年的思想认同，为乡村振兴注入了精神动力。

专业指导，支撑产业升级。青岛市建立乡村振兴银龄人才库，遴选100余名农林牧副渔领域老专家，提供技术指导600余次，举办企业技术管理讲座36次，指导涉农企业如山东省中杜农林科技有限公司落地，推广杜仲种植与加工、高性能固态锂电池项目；指导茶园冬春管理，适期科学采摘、加工、上市，8个品牌在青岛茶博会上被广泛关注和大量购买。推广大豆玉米条带新模式种植1.6万亩，采取的蓝莓、草莓立体种植模式实现每亩增收3000多元。强化对口帮扶，组织"五老"到甘肃省定西市指导大棚蔬菜、蓝莓生产。通过"双带"活动培养60名农村青年致富带头人，带动100余人创业就业，激活了乡村经济活力。青岛益元茶业有限公司经理李炳林，获得全国"双带"农村致富带头人荣誉称号。

文化传承，丰富乡村精神。关工委动员"五老"开展文化传承活动，组织530余场文化下乡活动，包括"每月一讲""老干部讲党课"等，试点建设"猫头鹰"公益图书馆，出版读本弘扬红色文化；开展"好家教好家风"宣讲380余场，选树了"农村最美家庭"21户、"最美志愿者"19名。这些实践通过"五老"的文化资源，增强了乡村的认同感。

生态推动，促进绿色发展。组织"五老"参与生态环保技术推广和教育，开展土壤修复和废弃物再生项目，推广人工智能节能减排技术，降低污水处理厂电能消耗；组织400余场垃圾分类和生态保护活动，11个"五老"文明巡访团提出针对性意见建议21条，被相关部门采纳。这些实践展示了"五老"在生态振兴中的专业优势，助力乡村实现绿色可持续发展。

组织建构，强化基层治理。加强"五老"组织建设，推进老干部党组织与农村党组织结对共建，设立20个示范"五老"工作室，申请40万元市管党费完善设施，组建963支志愿服务团队，2.1万名"五老"参与基层治理。这一实践通过"五老"的威望优势，提升了农村党组织的凝聚力。例如，莱西市退休干部王希科担任庄扶新村党委书记，带动村民建设现代农业大棚，年增收80余万元，体现了组织振兴在乡村治理中的关键作用。

护航成长，助力长远发展。通过"五老"开展青少年教育和心理关爱活动，建设 202 处"爱心小屋"，举办"我的梦想我来想"立志营 38 场，组织 600 余名孤困儿童参观青岛海底世界；开通心理健康服务热线，累计运行 1 万小时，接听 8000 余通电话，开展 500 余场心理健康讲座，服务超 3 万人次。

持续跟踪帮扶孤困儿童，重点对低保、特困、孤残、大病及烈士子女等特殊青少年群体实施精准关爱，形成扶贫与扶志相结合的良好局面。这一实践通过"五老"的关爱行动，巩固了脱贫攻坚成果，为乡村振兴提供了社会稳定的基础。

三

理论启示的提炼

必须坚持党的领导，突出关心下一代工作的政治性。要明确政治方向，始终把党的领导贯穿于关心下一代工作的全过程。要发挥政治优势，引导"五老"积极参与党的建设和乡村振兴事业，为培养社会主义建设者和接班人贡献力量。要建立健全相关组织机构和制度机制，为"五老"发挥作用提供政治保障和平台支持。

必须坚持服务中心，突出关心下一代工作的时代性。要紧跟时代需求，围绕乡村振兴、高质量发展等时代主题，明确关心下一代工作的重点和方向。要创新服务模式，打造服务平台等，推动涉农产业发展和农村青年就业创业。要强化"五老"时代担当，积极投身新时代中国特色社会主义伟大实践。

必须坚持以人为本，突出关心下一代工作的实践性。要深入了解"五老"的实际需求，提供精准化、个性化的服务。要通过组织志愿服务、宣讲活动等方式，引导"五老"深入基层、深入群众，开展实践活动。要注重将工作经验、智慧成果转化为推动乡村振兴的实际成效。

四
路径思考的拓展

深化政治教育，强化思想引领。建立"五老"政治培训机制，定期开展党的政策学习和思想教育，提升其在乡村振兴中的思想引领能力，增强乡村发展的凝聚力与方向感。例如，可通过专题讲座和研讨班，增进"五老"对乡村振兴战略的理解。

完善专业服务平台，提升技术支持。设立"五老"技术服务中心，整合专业资源，提供线上咨询和线下指导，助力农业技术推广和产业升级，提升"五老"作用的实践转化效率。例如，可引入大数据分析，精准匹配"五老"技术专长与农村需求。

创新文化活动模式，丰富精神内涵。开发"五老"参与的农村文化节、家庭教育讲堂等项目，深化精神文明建设，增强乡村文化的多样性与吸引力，巩固文化振兴成果。例如，可组织"五老"与青少年共同创作文化作品，传承地方特色。

优化组织管理机制，强化基层支撑。完善"五老"志愿服务团队的管理制度，扩大示范工作室覆盖范围，增强与党组织的协作，构建可持续的基层治理支持体系。例如，可试点"五老"担任村级调解员，化解农村矛盾。

拓展教育网络，持续人才储备。建设"五老"青少年教育联盟，覆盖更多农村学校和社区，开展心理健康、技能培训等活动，持续为乡村振兴培养高素质人才。例如，可与教育部门合作，开设农村青少年职业规划课程。

强化脱贫攻坚联动，巩固发展成果。持续关注留守儿童和孤困青少年，提供教育资助和心理支持，巩固拓展脱贫攻坚成果，为乡村振兴提供社会稳定基础。例如，可推广"手牵手圆梦慈善服务中心"模式，扩大帮扶覆盖面。

面对新形势新任务，关心下一代工作面临许多新挑战新要求。关工委应理论与实践相结合，持续优化"五老"作用的发挥机制，为乡村振兴注入不竭动力，为培养担当民族复兴大任的时代新人贡献力量，为实现中华民族伟大复兴的中国梦奠定坚实的基础。

湖北省"产业育人"关爱行动的实践与启示

湖北省关心下一代工作委员会

顾秀莲主任在 2019 年调研湖北省洪湖市时肯定了该市关工委助力莲藕产业发展、帮扶青年农民创业致富的工作,称赞"'以莲育人'工作富有成效"。受此启示,我们转化为以"五老"＋农村青年＋成功企业、人士＋社会资源为平台,以助力农村青年就业创业兴业为目标的"产业育人"关爱行动,培养了一大批新型职业农民和农村专业人才,积极助力乡村振兴。

一

开展"产业育人"关爱行动的重要意义

乡村要振兴,产业必振兴。党的二十大报告提出,加快建设农业强国,扎实推动乡村产业、人才、文化、生态、组织振兴。党的二十届三中全会进一步明确要坚持农业农村优先发展,完善乡村振兴投入机制。开展"产业育人"关爱行动,抓住产业振兴这个乡村振兴的"牛鼻子",是关工委拾遗补阙、以小切口推动大格局的具体体现。

开展"产业育人"关爱行动是围绕中心、服务大局的具体体现。全面建设社会主义现代化国家，实现中华民族伟大复兴，最艰巨最繁重的任务依然在农村，最广泛最深厚的基础依然在农村。在全省关工委系统实施"产业育人"关爱行动，能够充分发挥湖北农业大省优势，立足全省农产品资源特色，通过引导和动员以老专家、老模范为代表的"五老"参与扶持青年农民就业创业兴业，培养一大批新型职业农民和农村专业人才，为助力乡村人才振兴、产业振兴，进而实现乡村全面振兴贡献力量。

开展"产业育人"关爱行动是助力农村青年回归的迫切需要。乡村发展需要青年。乡村振兴的关键之一是农村需要有一批留得住、有技能的农村青年。受历史现实因素制约，一段时间以来，乡村青年人才多呈单向外流趋势。进入新时代，乡村面貌发生了脱胎换骨的变化，尤其是乡村振兴战略实施以来，通路修桥、快递进村、宽带入户成为"标配"，乡村对年轻人的吸引力日渐增强，越来越多的青年在乡村找到"用武之地"。同时也要看到，一些年轻人回到乡村却没找到自己的位置，在"骨感现实"中碰壁，还有一些乡村存在青年人才作用发挥不充分、宝贵人才资源闲置现象。开展"产业育人"关爱行动，发动广大"五老"根据青年特点、地方实际、工作规律有针对性地予以扶持和引导，将乡村对青年的"单向需求"转化为"双向奔赴"。

开展"产业育人"关爱行动是关工委坚持立德树人根本宗旨的题中应有之义。中办、国办《关于加强新时代关心下一代工作委员会工作的意见》要求，发挥"五老"在乡村振兴中的服务和推动作用，助力培养有理想、懂技术、会管理、会经营的乡村新型青年人才。中国关工委广泛号召各级关工委和"五老"助力乡村振兴。在实施"十百千万""五老"关爱行动的基础上开展"产业育人"关爱行动，能够将党的关怀送到农村青年身边，既贡献"五老"智慧，又培养农村青年骨干人才，同时也为关爱农村留守儿童、流动儿童、困境儿童提供思路，进而使关心下一代工作紧密融入全面推进乡村振兴战略。

二

开展"产业育人"关爱行动需把握的一些要素

自 2020 年开展"产业育人"关爱行动以来，省关工委每年将其作为年度工作要点，每次调研将其作为重点内容来督促，相继在松滋市、钟祥市、蕲春县召开专题推进会。我们就这一工作达成了共识。

（一）工作定位

"产业育人"关爱行动是关工委围绕中心、服务大局的主动作为，是关工委助力乡村振兴的工作抓手，是县级关工委在农村的工作重点，是关工委坚持立德树人根本任务、联系农村青年实际的现实选择。

（二）工作目的

开展"产业育人"关爱行动的目的是助力解决农村青年的就业创业兴业问题，通过发挥专业"五老"作用，发展产业，培养新型农民，帮助农村青年解决就业技能问题、创业方式问题，培育一批社会主义建设者和接班人。

（三）工作依靠

"产业育人"关爱行动主要是依靠和组织有专业能力的"五老"发挥五个作用：一是对农村青年生产技能的培训作用；二是对农村青年兴办企业的指导作用；三是对农村青年配置要素的协调作用；四是对农村青年营销产品的中介作用；五是对农村青年艰苦创业的励志作用。

（四）工作方式

主要就是做好六项工作：一是组织一批有专业能力的"五老"团队；二是建立一批有助力功能的"五老"工作室；三是选择一批有规模的农业企业；四是物色一批有成就的农村青年创业带头人；五是发现一批有发展愿望的农村青年积极分子；六是动员一批成员单位发挥自身优势形成合力。

三

开展"产业育人"关爱行动的成果

全省各级关工委从本地具体情况和现实需要出发，突出各自特色，实行差异化发展，走出了"产业育人"新路子。

争取党政支持。荆州市委印发《关于在全市开展"助力产业育人 助推乡村振兴""五老"关爱服务活动的通知》，全市8个县市党委下发了"双助"活动文件。黄冈市委办、市政府办印发《黄冈市加强新时代关心下一代工作重点任务清单》，黄冈市关工委印发《黄冈市"助力产业育人 助推乡村振兴"工作方案》，所辖各县（市、区）正在出台工作方案，明确工作任务与实施路径。十堰市关工委联合多部门发布"助力产业育人 助推乡村振兴"行动方案。

创新工作特色。武汉、襄阳、荆州、黄石等地探索将"产业育人"关爱行动由第一产业向二、三产业拓展，延伸至工业企业和服务行业。武汉市积极探索"五老"+农村青年+成功企业、人士+社会资源的"四合一""产业育人"模式。武汉市洪山区、汉阳区深入开展"讲政治、育新人、学科技、促发展"活动，不断探索城市开展"产业育人"关爱行动的有效路径。枣阳市关工委探索把关工委组织建在产业链上，在产业链上发挥"五老"作用，把产业优势转化为育人优势。天门市围绕"一个牵头行业主管部门、一支专业帮扶团队、一批'产业育人'示范基地、一系列关爱帮扶措施""四个一"模式开展青年农民创业帮扶。大冶市组织12名农业科技"五老"组建志愿服务队，定点联系15个"产业育人"示范基地。

涌现一批"五老"典型。各地组织动员"五老"开展项目帮扶、结对帮扶、阵地帮扶，涌现出华中农业大学"五老"教授团及五峰县罗官章等一批"五老"参与"产业育人"典型。荆门市组织400余名老专家筹资金、上项目、引技术、解难事，钟祥市"回归关爱工程"做法入选中国关工委助力乡村振兴工作品牌优秀案例。

培育一批青年农民带头人。被中国关工委授予全国"双带"农村致富青年个人的荆州区八岭山镇铜岭村党支部书记马聂建立了村"产业育人"基地，聘请区农业农村局、文旅局老专家联系 6 名返乡大学生开展大棚蔬菜种植和民宿经营，取得良好效益。石首市返乡党员大学生赵鹏杰在市、镇两级关工委帮助下，发展蔬菜大棚 80 余亩，带动 50 多名村民务工平均每人每年增收 2 万元以上。

四
开展"产业育人"关爱行动的几点启示

经过多年实践，我们对"产业育人"关爱行动这项工作的基本经验做了总结，主要包括：统一认识是前提，选择产业是基础，"五老"参与是关键，关工委主导是根本，领导重视是保障。

统一认识是前提。开展"产业育人"关爱行动，不是一蹴而就，而是仍处于探索阶段、模式多样的工作，需要解放思想、实事求是、因地制宜、求真务实。这是一个不断实践、总结的过程，更是一个需要全员投入、用心琢磨的过程，既要防止等待观望、畏首畏尾或张冠李戴、浅尝辄止，又要持续加大工作力度，实现从量变到质变的飞跃和提升。

选择产业是基础。"产业育人"关爱行动的重点在农村或城乡并存的地方。当前农村的特色产业主要有五类：特色种养业、特色食品加工业、特色手工业、特色文化产业、新兴产业（乡村休闲旅游、康养旅游等）。通过立足省情农情，科学把握乡村的差异性和发展特征，考虑资源禀赋，分类施策，因地制宜，不搞"一刀切"，不搞形式主义，采取符合本地特点的有效方式，发展地方特色产业，形成百花齐放、各美其美的发展新格局。

"五老"参与是关键。没有"五老"参与的"产业育人"就失去了关工委的特色。一方面，坚持引育并重，建立"五老"专家团队，既包括从农业部门、高校等单位筛选农业学科带头人、产业体系专家，也可以组织发动一批"田秀才""土专家"；另一方面，注重提升"五老"服务能力，依托关爱团队、企业和基地，建立一批"五老"工作室，发挥"五老"专家优势特长，就地就近深入田间地头，开展现场技术咨询、新技能传授、品牌建设指导，帮助青年农民解决生产经营中遇到的实际问题。

关工委主导是根本。开展"产业育人"关爱行动，关键是发挥好关工委自身的作用，同时推动成员单位发挥职能优势，防止用部门职能作用代替关工委自身作用，防止将部门工作成效直接归为关工委工作成效，防止把其他方面以前就有的工作成效简单贴上现在的成效标签。关工委要调研在先，弄清农村青年的需求，弄清土地政策、产业政策及企业情况，弄清地方自然资源情况，弄清"五老"资源及组成单位资源情况，把握针对性，区别特殊性，讲究可行性，追求有效性，从而可持续地开展工作。

领导重视是保障。通过主动争取党政重视支持，在关工委组织、班子、队伍、办事机构上给予支持，并依托联席会议制度，推动与农业、科技、人社、财政及共青团、妇联等部门和单位合作，定期会商、谋划推进，共同打造品牌，围绕"产业育人"关爱行动形成的工作合力。